ロジャー・フェデラー

なぜ頂点に君臨し続けられるのか

ROGER FEDERER

著者 ジモン・グラフ
訳者 タカ大丸

KADOKAWA

両親こそインスピレーションの源：2006年ウィンブルドン選手権の優勝直後に父ロバート、母リネットとポーズをとるフェデラー

「これぞあるべき姿だ！　こうでなければ！」と、哲学者ハンス・ウルリッヒ・グンブレヒトはフェデラーの美学に感銘を受けている

ROGER FEDERER

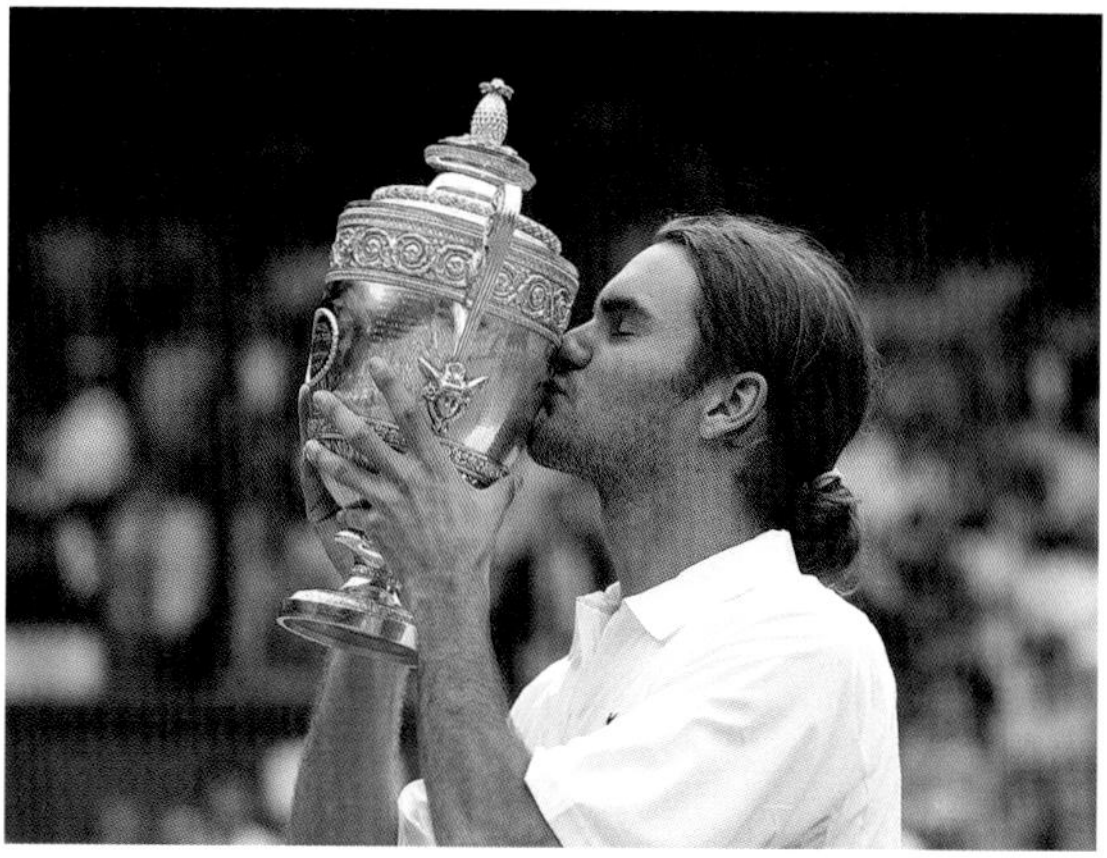

大きな転換点：2003年ウィンブルドン初優勝の直後、フェデラーはトロフィーにそっとキスした

フェデラーの最大で大切なファン：
2017年全豪オープンでのミルカ夫人。完全にくつろいだ様子

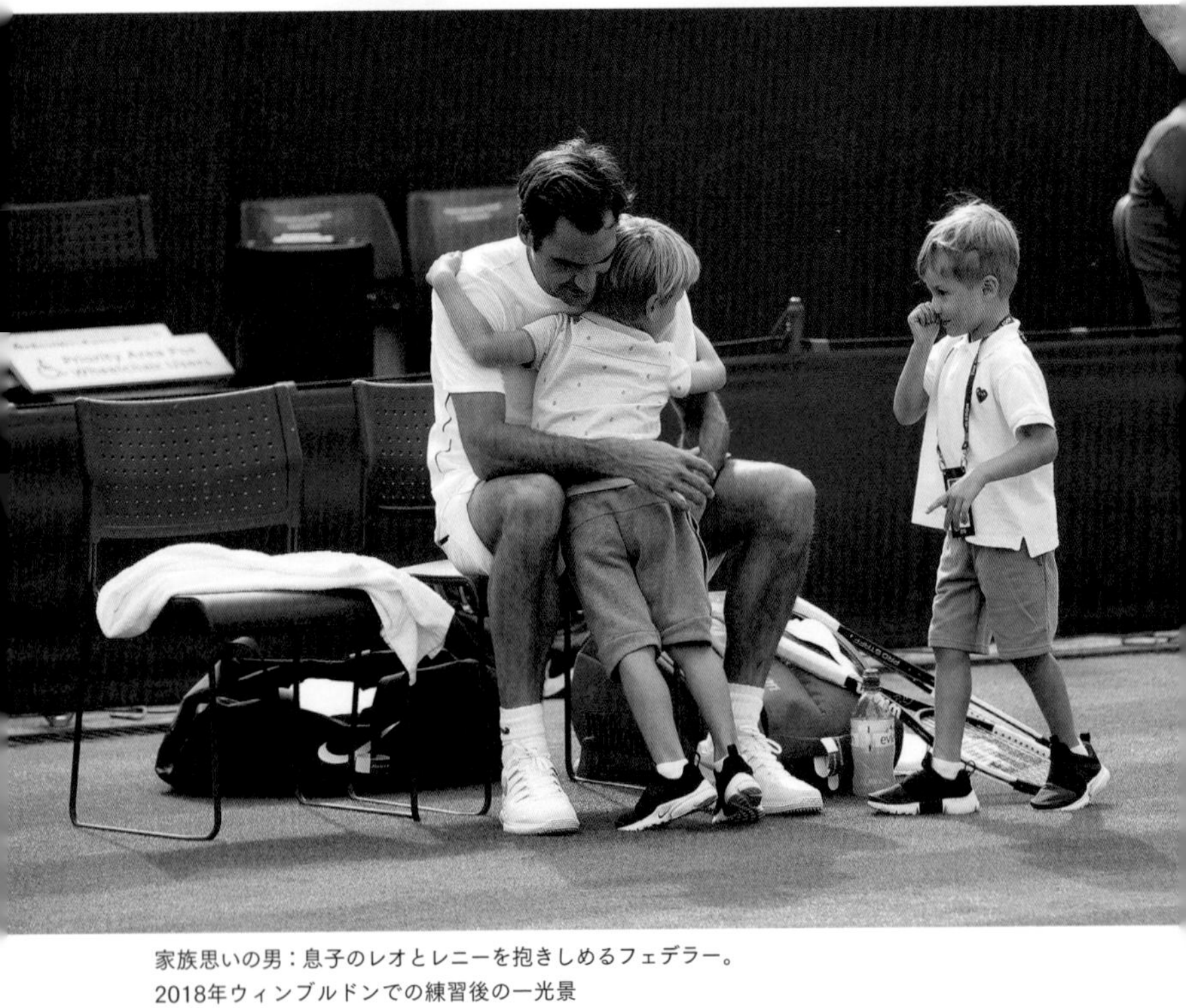

家族思いの男：息子のレオとレニーを抱きしめるフェデラー。
2018年ウィンブルドンでの練習後の一光景

ウィンブルドンほどフェデラーの価値を示せる大会はほかにない。2010年にエリザベス2世と昼食会

ROGER FEDERER

ついに、やった！　2009年、11度目の挑戦で全仏オープンに優勝し、膝から崩れ落ちる

歓喜：5カ月の休養後、2017年の全
豪オープンで復活優勝を果たした

スイスのチームワーク：2014年のデビスカップで決勝進出を決め、コーチのセベリン・リュティとスタン・ワウリンカがフェデラーを祝福する

ROGER FEDERER

これ以上の宣伝素材はない：フェデラーは高級ブランドの部門ではジョージ・クルーニーと争う（２０１０年ロンドンにて）

ロジャー・フェデラー

なぜ頂点に君臨し続けられるのか

目次

序文

ある意味これは、単に幸運の賜物だったのかもしれない。

私がチューリッヒの全国紙、ターゲス・アンツァイガーとゾンタークス・ツァイトゥングでテニス報道に携わり始めた頃、誰一人としてあのロジャー・フェデラーがあらゆる記録を塗り替え、スイスの絶対的英雄かつグローバルな偶像《アイコン》になることを予測できなかった。私は数多くのテニスツアーに同行し、何度となく独占インタビューを行うことにより、個人的にもこの男を理解できるようになっていった。２００３年のウィンブルドン選手権初優勝の直後に彼が借りていたウィンブルドンの邸宅の庭園で、ジュネーヴの高級ホテルの一室で、バーゼルのライン川沿いにあるカフェで、あるいは以前暮らしていたグラウビュンデン州の山間部レンツァーハイデでも、対話を重ねた。加えて、記者会見やそのほかのメディア向けのイベントでも無数のやり取りを重ねてきて、本人の声を聞いた時間を総計すれば数百時間は優に超えるだろう。その意味で、コート外でも率直に語ってくれた彼に最大限の感謝を表したい。

　本書は本人公認のものではない。しかし、幸いにも私は20年近くにわたり彼のことを追って書き続け、本人のみならず家族や関係者からも聞き取りを続けることができた。だからこそ、私ならこの男の実像を描き出すことができるという自負がある。単に一アスリートとしての側面だけではない。一見すると幾たびの成功の連続のように見える彼の人生にも、我々と変わらない数多くの葛藤があった。本書において、私はフェデラーのさまざまな側面に触れていきたいと思う。短気だった10代の頃、プロテニス史上最高の天才としての輝ける日々、ひとりの息子、夫、父親としての側面も、多くの啓示《インスピレーション》を与える存在、戦略家、自身の天性を司るマネージャー、圧倒的勝者、そして敗者としての一面、偶像、図抜けたアスリート、慈善活動家、その他諸々だ。

　本書の描写は必ずしも時系列に沿ったものではない。むしろ、フェデラーに関する20本のテーマに沿った作品を集めたものと言えよう。最初から最後まで順番に読むもよし、読者のあなたが気の向く順番に読んでいただいてもかまわない。各章はそれぞれ独立したものであり、全部を読み通すと、完成した絵が見られるようになっている。

２０２０年９月　キルヒベルクにて。

第1章 人々の王

2013年7月13日、それは楽園における気持ちのいい一日だった。太陽が燦燦《さんさん》と輝き心地よいそよ風がグシュタードの山間部を吹き抜け、猛暑を和らげていた。

この避暑地において、誰もがロジャー・フェデラーの登場を楽しみにしていた。調整のための試合を渇望していた彼は、このベルナー・オーバーラント（ベルン州南部の高地）に足を運ぶことに決めた。ウィンブルドン選手権で初優勝を果たした2003年以来の再会に地元は沸いていた。

だが、試合の数時間前にコート上で最終調整に入るフェデラーを見ていた私は、何か不吉な予感を覚えた。もはや伝説の域に達している優雅さや滑らかさといったものが皆無で、身体全体がこわばってロボットのようなぎこちなさを見せていたからだ。明らかに腰に変調をきたしていた。こういう日に、ドイツ人選手のダニエル・ブランズと対戦するのは本当に名案と言えるのか？　この数時間後に我々の誰もが悟ったように、それは明らかに間違った選択だった。フェデラーのプレーぶりはまるで本人の劣化版そのものといった様子で、試合運びもひどく、間もなく棄権した。65分間でスコアは3－6、4－6となり、うなだれたままコートをあとにした。

この数カ月はフェデラーにとって苦難の時期だった。慢性の腰痛が何度となく襲いかかって苦しみをもたらしていたのだ。ウィンブルドンでのタイトル防衛に懸けていたが、2回戦で無名のウクライナ人選手、セルジー・スタホフスキーにまさかの敗北を喫した。

グシュタードの観衆を前にして見せた醜態《しゅうたい》のあと、自らの心情を語れるような雰囲気ではなかった。だがそれでも、義務づけられている記者会見には顔を出し、容赦ない質問責めに対処していた。仮にこういった会見を短時間で切り上げたとしても、彼を責められる者は誰一人としていなかったが、それでも30分以上にわたり質問を受けつけ、自分でも腰痛が今後どうなるのかわからないにもかかわらず誠実に答え続けた。

その後も、なかなか言うことを聞いてくれない自身の肉体に鬱憤《うっぷん》を封じ込め、初対面に興奮を隠しきれない人たちの期待に見事に応えてみせた。コート上で落胆させてしまった分、コート外で十二分に時間をとって埋め合わせをしたのだ。おそらく本人は、さっさとこの場を離れてひとりきりになりたかっただろう。こういった小さな場面こそが人柄を物語るものだと私は思うのである。

私がフェデラーを描写するにあたっては、優勝の瞬間から始めることも可能だった。だが、勝者が輝くのは当然のことである。ひとりの人間の真価は困難な時期にこそあらわになるものだ。キャリアのなかでも最低の部類に入るベルナー・オーバーラントでのあの一日こそ、それに当たると私は思うのだ。

ウィンブルドンのセンターコートの入口にはラドヤード・キプリングの有名な詩『If』の2行が刻み込まれており、この価値観はフェデラーの人間性に染み込んでいると言えよう。

「もし、きみが勝利と惨敗という両極の虚像に出会い、このふたつをまったく同じに対処できるなら……」

そして、この詩は以下のように締めくくられている。

「きみは大地そのもので、すべての答えはそこにあり、そして――何よりも――息子よ、きみはかくして人になるのだ」

キプリングのこの詩は元来、第一次世界大戦で戦死した息子のジョンに捧げられたものだった。今日に至るも、この詩は英国で最も人気のある詩である。フェデラーは、このキプリングの詩に込められた精神を体現している。これだけの勝利とタイトルを積み重ねてロックスター以上の生活を送り、全世界からの称賛を集め続けながらも、謙虚さはそのまだ。そして、負けや挫折が重なっても決して屈することがない。

選手として以外の意味でも、彼は早い時期から多くを学んできた。バーゼル郊外出身の少年がスポットライトを浴びて全世界が注目するプロスポーツの中心的存在となり、愛される選手で居続けるためには、もはやあるがままの自分でいることは許されず、つねに他者への責任を負わなければならないことを悟った。この重責を引き受け、かつ自身に対しては正直であり続ける道を選んだのだ。

好むと好まざるとにかかわらず、フェデラーは多くの人々の人生に影響を及ぼしている。彼に対する崇拝の念は、時として宗教の域に達している。最も熱心なファンは休暇のすべてをつぎ込んで全世界をまたにかけて追いかけ、フェデラーの関連商品の収集に余念がなく、そんな暮らしのなかで自分自身の生きる活力を見いだしている。2003年のウィンブルドン初優勝以来、ファンのなかでもとくに熱心な一団は、グランドスラムをはじめ数々の大会において試合前に小さなメモを赤い封筒に入れて渡すようになっている。彼らにとって最高の特権とは、大会前の練習で何百と差し出される封筒のなかで自らの一通がフェデラーの手に届くことなのだ。

テニス界の鼓動を体感したければ、6~7月に開催されるウィンブルドンの際にテントを持っていき、ひと晩過ごしてチケットを確保してみるといい。そして、近くにいる人たちとフェデラーについて語り明かすといい。すぐに悟ることだろう。全員がテントにスイス国旗を掲げているわけでも、国旗にある十字がTシャツに描かれているわけでも、「RF」のロゴが入った野球帽を被っているわけでもない。にもかかわらず、フェデラーの愛好家《アフィシオナド》はコルカタ、上海、メルボルン、ドバイ、テネシー、もちろんバーゼルとロンドンからもやってきていて、文字どおり全世界各地から集ってきているのだ。

そして、誰もが「スイッチが入った瞬間」について明言することだろう。ここまでファンを駆り立てるアスリートはほかにはいないし、ここまでテニス専門ライターに執筆意欲をかきたたせる存在もほかにいない。

文化人のあいだでは、何かとスポーツは軽視されがちだが、フェデラーだけは多くの文化人や知識人さえも魅了している。2017年のドイツの日刊紙、フランクフルター・アルゲマイネ・ツァイトゥングのインタビューで、ドイツ人ヴァイオリニストのアンネ＝ゾフィー・ムターが次のように答えている。

「一度フェデラーを見てしまったら、どうしてほかの選手を応援できるようになるのか、私にはまったくわからない。あの美しさを見せられたら惚れてしまうのは当然だし、あの優雅さや詩的な美しさは言葉で表しきれない」

　彼女自身、２０１４年には全豪オープン決勝のフェデラーを生で観戦できるように、オーストラリアでのコンサート日程を調整したという。残念だったのは、準決勝で彼がラファエル・ナダルに敗れてしまったことだ。

　５度にわたりローレウス世界スポーツ賞の年間最優秀男子選手賞に輝いているフェデラーだが、根本はあくまでもスイス人である。名門ザンクト・ガレン大学でマーケティングを研究するトルステン・トムシャック教授によると、フェデラーが繰り返し体現する価値観とは「スイス的なもの」そのものだという。

　フェデラーは伝統的なスイスと現代のスイス、その両方を体現している。国際人でありながら気さくであり、勤勉で、創造力に富み、野心がありながら家族を大切にしていて、親しみやすさもありながら力強さや信頼性も兼ね備えている。永遠のライバルであるナダルとの決着は完全にはついていないが、決して自信と傲慢をはき違えることもない。そして、まさに祖国スイスと同じく、つねに中立である。フェデラーは申し分のない外交官であり、決して論争を巻き起こすような繊細な問題について私見を公にすることはない。記者連中がセンセーショナルな見出しに飢《う》え、それがすぐにソーシャルメディアで拡散される時代において、これほど賢い戦略はないだろう。

フェデラーほど多くのインタビューをこなしてきたアスリートは、おそらくほかにはいないだろう。試合後の定例会見だけで1400回を超えている。これほどさらされている存在になれば、隠し事があっても長続きすることはない。その一貫した姿勢は、2011年に行われた米国のレピュテーション・インスティテュートによる調査によっても裏付けられている。5万人を対象に政界、文化人、ビジネス界、スポーツ界の著名人のなかで誰がどれくらい好まれて、尊敬されて、信頼されているかを調べた。結果として、フェデラーはノーベル平和賞を受賞したネルソン・マンデラに次ぐ2位を獲得し、ダライ・ラマやバラク・オバマ、そしてビル・ゲイツよりも上だった。2017年には、全世界を対象にスポーツ界のロールモデルとしての役割を果たし、かつ南アフリカの子どもたちへの慈善活動を続けていることにより、バーゼルの街とスイスの地位を高めた功績を認められ、バーゼル大学医学部より名誉博士号を授与された。

さらに特筆すべきは、ほぼ毎回負かされているはずのライバルたちでさえもフェデラーへの称賛を惜しまないということだ。2004年から2017年にかけて、選手たちが選ぶステファン・エドベリ・スポーツマンシップ賞を13回にわたり受賞している。ちなみに、

》好むと好まざるとにかかわらず、
フェデラーは多くの人々の
人生を形づくっている。
そんな人たちの彼への敬愛は
もはや信仰の域に達している。

同期間でナダルが同賞を受賞したのは2010年の1回だけだ。

毎年選出されるこの賞が言い表しているのは、この男がテニス界の雰囲気をいい方向へ永遠に変えてしまい、そのことを同業者たちが感謝しているということだ。かつて世界一だったピート・サンプラスやアンドレ・アガシといった選手たちはライバルの敵意をかき立てるばかりだったが、フェデラーは誰も彼も魅了してしまう——相手の老若、力量の有無を問わずだ。それは本人のスイス性の発露なのかもしれない。「テニス界の王者」と人は呼ぶが、実際には「人々の王」として、更衣室でもラウンジでも冗談を飛ばしながら周囲に親しまれている。その率直さのおかげで、男子ATPツアーの雰囲気は和らいでいる。

かつて、フェデラーがこう語ったことがある。「若手にはこの世界を恐れるのではなく、楽しんでもらいたいと思っているんだ。ナダルやほかの選手たちも、ツアーですり減った部分は多かったと思う。むろん、テニスは過酷なスポーツだけど、あくまでスポーツなんだ。人生にはもっと大切なものがたくさんある」

親しみやすく、とっつきやすい人柄だが、だからといって全員を喜ばせようと努めているわけでもない。必要なときには、容赦ない手段も辞さない。今まで何人かのコーチと決別したのもそうだし、デビスカップ出場辞退の決断もそうだし、2度にわたりクレーコート・シーズンを完全欠場したこともあった。そしてコート上においては、言うまでもなく一切の情け容赦もない。そんな彼に最も痛めつけられたひとりが、アンディ・ロディックだろう。グランドスラムで8度対戦し、フェデラーが8戦全勝している――うち4回は決勝だった。2005年のウィンブルドン決勝のあと、ロディックはフェデラーのほうを向いてこうつぶやいた。

「本当は憎んでやりたいんだけど、きみはいいヤツだよ」

第2章 リンゴは木から落ちるものなのか？

アメリカの元ダブルス選手、エリック・ブトラックには、ロジャー・フェデラーとのあいだに偶然ともいえる出会いのエピソードがある。それは、のちに２０１４年から２０１６年までフェデラーの跡を継いで選手会の会長を務めるまでに至るこの男の経歴をよく物語っている。その始まりは、フェデラーの母親、リネットとの出会いだった。

下部のチャレンジツアーで転戦していたブトラックは、２００６年10月に、コーチと共にスイスのバーゼルで行われた室内大会に出場した。それは試合どうこうではなく、生でフェデラーを見てみたかったからだ。２回戦で敗退した直後、彼とコーチは急ぎ足でメインアリーナへ向かい、この地元の英雄がダビド・フェレールと対戦する試合を見に行った。選手バッジがあったので会場に入ることはできたのだが、もはや空席は残っていなかった。すると案内係がスポンサー席を勧めてくれ、幸いにも最前列にふたつ空席が残っており、３ゲーム目が終わったところでそこに入り込んだ。

その6人用ボックスに座っていたほかの4人は、とくに気にする様子もなかった。「そのうちの年長の女性が」とブトラックが自身のブログで書き出しているのだが、ふたりを喜んで歓待してくれたのだという。

「私のキャリアについて、いろいろな質問を投げかけてくれた。どこから来たの？　どのラケットを使っているの？　ランキングは何位くらい？　そのとき聞かれた質問のごくごく一部だ」

しばらく会話が続いたのち、ブトラックはついに試合へ集中しようと思った。つまるところ、フェデラーの試合を見に来ているのだから。だが、自身がスポンサー席に入ってきた闖入者《ちんにゅうしゃ》だったということもあり、聞かれたことには誠実に答えなければならないという義務感があった。そこで、逆に先ほどの年長の女性に聞いてみた。

「ところで、御社は大会のスポンサーをされているのですか？」

すると、女性はこう答えた。「スポンサー？　全然違いますよ。ここはスポンサー席ではなく、家族席なのですよ」

ブトラックは困惑した。「家族席……と言いますと？」

「ああ、私はロジャーの母親です。それから（顔の向きを変えて）あれが父親で、あちらが姉、それから代理人ですね」

下部のダブルス選手は、場違いな場所に入り込んでしまったと猛烈な恥ずかしさを覚えた。父親のロバートも会話に加わってきたが、内気なよそ者は完全に凍りついてしまった。ブトラックは、まるで開けてはいけないビスケットの缶をあさってしまった少年のような気分になっていた。もはや試合が終わるのが待ち遠しくて仕方なかった。

「あれほど長く感じたストレート勝ちで、絶好調な勝利は見たことがなかった」

試合後はフェデラー本人との遭遇を避けようと、アリーナの出口へ直行した。あのひと晩の思い出は、その後もずっと彼の心に残り続けた。まったくの部外者だったにもかかわらず、フェデラー一家のボックスにおいて旧友のような待遇を受けたのだった。

その2年後の全米オープンで、男女混合ダブルスで敗れて荷物をまとめていたところ、当時フェデラーのコーチだったホセ・イゲラスに「もう現地を離れて帰宅するのか?」と聞かれて、ブトラックはうなずいた。

「そうか、残念だな。実は明日、ロジャーの練習相手をしてくれる左打ちの人を探していたところなんだが……」

むろん、ブトラックはそんな絶好機を逃すつもりはなかった。

「私、今日出発すると言いましたっけ? それは失礼、明日出発のつもりでした」

こうして彼はフェデラー本人と面識を持て、のちに選手会でフェデラー会長のもと副会長を務めて友人になるきっかけとなった。そんな彼がフェデラーについて語る。

「ロジャーは今まで、本来スポンサーやファンが求めている以上のものをずっと提供してきたし、どんなに不快な要求であっても優雅に応じてきた。あれを外向けの演技だと思っている人もいるかもしれないけど、実は本質そのものなんだよ」

これまで数えきれないほど、フェデラーの素顔は本当にいいヤツなのかと聞かれてきた。答えはいつも同じだ。「いや、本当はさらに上だよ！」

そして、フェデラーの素晴らしい人間性の由来が何かをよく知っている。両親だ。フェデラーの美点の多くは両親から引き継がれている。気さくながら国際人でもあり、一貫性、公平な態度、家族を重視する姿勢、ユーモアや社交性などといったものだ。

リネットとロバートの夫妻は、1万1千㎞離れた場所で生まれ育った。妻は南アフリカの大都市、ヨハネスブルグの近郊ケンプトン・パーク、夫はザンクト・ガレンのライン渓谷にあるベルネックが故郷だ。

ロバート・フェデラーは小さな村の旧家で、農作業をしながら育った。その後、かつて父親が勤務していた近郊の合成繊維工場（現在は閉鎖）、ヴィスコスイス社の技術者として働くようになった。だが、外の世界を見たいという強い思いを抱くようになり、最初はバーゼルのチバ社（現ノバルティス社）でキャリアを始め、24歳のときに南アフリカの支社へ転勤することとなった。そして1970年に、当時18歳だった秘書のリネット・デュランと出会った。ふたりは恋に落ち、やがて夫婦となった。4人きょうだいの末っ子だった彼女は、移住を夢見ていた英国の代わりに、1973年にロバートと共にバーゼルへ引っ越した。1979年に娘のダイアナが誕生し、そして1981年8月8日に、ロジャーが誕生した。

リネット・フェデラーは国際色の豊かな環境で育った。フランスの姓名（旧姓デュラン）を持つが、先祖にはドイツ人やオランダ人もいる。実家では南アフリカの公用語のひとつ、アフリカーンス語で会話していたが、父親の強い勧めもあり英語の学校へ進学していたので、クィーンズ・イングリッシュを操ることができた。いざバーゼルに到着すると、すぐさまスイス・ドイツ語を習得し、その地域の社会に溶け込んでいった。多言語主義はその後、ロジャー・フェデラーの特徴となっていく。父のロバートは、ベルネックを離れて50年以上経った今もザンクト・ガレンの訛《なま》りが残っている。

フェデラーのような著名なアスリートが、多文化の背景を備えているのは決して偶然ではない。だが、親からの遺伝という意味でいえば、リネットとロバート夫妻は特別に運動神経が備わっていたとは言えない。それでも、早いうちに息子には優れたコーディネーションのスキルが備わっていることを見抜いていた。

「生後11カ月にして、すでに歩けるようになっていた」

≫フェデラーの美点の多くは
両親から引き継がれている。
気さくながら国際人でもあり、
一貫性、公平な態度、
家族を重視する姿勢、ユーモアや
社交性などといったものだ。

フェデラーの30歳の誕生日を記念して行われたインタビューで、リネットがバスラー・ツァイトゥング紙に語っている。おそらく、早く歩けるようになったのは生まれつきの〝巨大な足〟が要因だったのではないか。ロバートも息子の幼少期をこう振り返った。

「早いうちからボールを蹴ったり捕ったりしていましたよ。いつも一緒に遊んでいましたね。サッカー、卓球、その後はスカッシュとか。今でも卓球台に乗っているかわいい写真が残っていますよ」

リネットもその思い出に言葉を添えた。「私たちはいつも遊び場にボールを用意していました。ほかの子どもたちはボールをどこかに散らかしてなくしてしまうのに、あの子はちゃんといつもボールを戻してきましたからね」

両親から受け継いだものは何かと聞かれたとき、フェデラーはこう答えている。

「テニスに関していえば、ふたりとも始めたのが遅かったから具体的に何というのは難しいね。おそらくは、運動することそのものではないかな。母は、昔ホッケーとバレーをやっていた。親父は？　アッペンツェルでハイキングをしていたな。だから、僕の初期条件はごくごく普通だったんじゃないかな」

夫婦で比べると、リネットのほうがスポーツの素養はあったと言えよう。南アフリカで地域のホッケー代表に選ばれたこともあった——だが、すねへの打撃が大きく競技から離れた。若い頃のロバートには、スポーツに割く時間はなかった。お遊び程度にサッカーをして17歳頃に所属したFCヴィドナウが最後で、その後は広い世界へ羽ばたく道を選んだ。初めてテニスに触れたのは24歳のときだった。リネットと出会い、テニスはふたりの共通の趣味となった。当初はヨハネスブルグのスイスクラブでたしなむようになり、その後スイスへ移住してからは、アルシュヴィルにある会社所有のコートで続けていた。

ふたりともテニスを始めたのは遅かったが、共に相当なレベルに達した。19歳で初めてラケットを手にしたリネットは、テニスクラブ・オールドボーイズ・バーゼルの30歳以上部門に所属して、国内王者にも輝いている。彼女の武器は〝猛毒スライス〟だと周囲は言う。この必殺ショットは遺伝なのか。母親自身がこう推測する。

「おそらくロジャーは、試合に対する本能を私から受け継いだのだと思います。私はもともと野心が大きいほうで、勝つことへの執念も強いほう。幼いあの子にも勝ちを譲ることはありませんでした。小学校の頃に毎日キッチンのすぐ外にある広間でサッカーをしていましたが、勝たせてあげることはありませんでした。いつもお互い真剣。毎日が真剣勝負で、絶対に手を抜くことはありませんでした」

だが、母親はフェアプレー精神だけは守り続けた。そして、この影響は息子にも色濃く受け継がれている。端的に言って、フェデラーは母親からスポーツの喜びを、父親から気さくな人間性を受け継いだと言えよう。もちろん、ロバートが感情的になることもある。これだけの長期間、勝利を積み重ねてきてさえも、もし息子がごく簡単なフォアハンドでミスをしたら、今でも立ち上がって我を忘れてしまう。だからこそ、夫妻は息子の試合中は隣同士に座らないようにしている。もっとも、ウィンブルドンのセンターコートのロイヤルボックスではそうはいかない。

「妻は私の隣には座りたがらないのでね。まあ、隣同士でないほうが丸く収まると言いますかね」

父親は笑顔でそう話す。また、フェデラー本人はそんな両親を評してこう語る。

「父は感情の起伏があって、その点、母のほうが落ち着いているね」

当初、ロジャーをテニスコートに連れていったのはリネットで、その後、父親のほうが息子のテニスに入れあげるようになった。リネットはテニスクラブ・チバでジュニアのコーチをしていたが、幼いロジャーを教えることには難色を示した。両親は早い時期に信頼できるコーチを見つけて任せることにして、自分たちは息子が没頭できるための支援を惜しまなかった。

「父がいつも言っていたよ、『テニスを楽しむのはいいことだ。でも、お願いだから練習は真剣にやってくれ。高いんだ』とね。母はもっと間接的な言い方だったね」

13歳から17歳のあいだは、費用は年間で約3万スイスフラン（約250万円）に及んだ。高額の投資と言えよう。これだけのお金を用意するために、リネットは就労時間を増やしてほぼフルタイムで働き、ロバートはオーストラリアから魅力的な仕事のオファーがあっても何よりロジャーの練習環境を重視してスイスに残ることを決断した。

これだけ大きな犠牲を払ってきたにもかかわらず、ふたりは決して息子に重圧をかけることはなかった。14歳のときに実家を離れ、言語さえも違うローザンヌ郊外のエクブランに移る決断をしたのは、あくまでフェデラー本人だった。子どもの自立を促してきた両親の方針が、ここで実を結んだ。

「親側に選択権はない」

のちにリネットがそう語った。ロバートは仕事で家を空けることが多く、父方の祖父母はスイス東部に暮らしていて、リネットの家族は遠く南アフリカにいた。子どもたちは早くに練習場や学校へ自分で自転車を漕いで向かうようになっていた。高い自立意識はロジャー少年を早熟させ、のちのプロテニス選手フェデラーの大きな力となった。コートの内外を問わず、決断は早い。ボックス席に目をやることもなく、試合中にコーチからの指示や激励を期待することもない。自ら解決策を模索していく姿勢が染みついているのだ。

フェデラーは早い時期に両親から自立したが、関係はずっと良好である。両親は息子のプロ生活において大きな貢献を果たしてきた。２００３年にスポーツマーケティングの大手米国企業ＩＭＧとの関係を解消したが、その際には一時期とはいえ家族でマネジメントに取り組んだ。リネットは息子のマネージャーを務めるため、33年間勤務したチバ社を退職した。その後ＩＭＧとの提携を２００５年に再開し、６度目のグランドスラム優勝を達成した。今日に至るも、家族一同が息子の活動に深く関与しており、ロジャー・フェデラー財団の理事として活動したり、ファンからのメールに返信したり、その他諸々の活動をしている。そして、彼本人も可能な限り家族一同がツアーに同行してくれることを望んでいる。

「両親が僕のことを誇りに思ってくれること自体がうれしいし、強い動機になるよね。喜んで試合に来てくれるのがうれしいよ」

父ロバートはこう語る。

「私たちにとっていちばんうれしいのは、スタジアム全体が総立ちで息子を迎え入れてくれることです。たとえフランスでガエル・モンフィスと、あるいはイングランドでアンディ・マレーと対戦するときでも同じようにしてくれる。だからこそ私は、いつも息子より５分早くスタジアムに入ることにしているのです」

ロバートは以前つきまとっていた息子に悪運をもたらしているのではないかという疑念

を振り払い、今では可能な限り試合に同行している。2002年のウィンブルドン1回戦でマリオ・アンチッチに惨敗を喫した際にスタンドで観戦していたのだが、その後2年間はオールイングランド・クラブ行きを避けていた。そのせいで、息子のウィンブルドン初優勝を見逃してしまった。タブロイド紙のザ・サンによる電話インタビューに応じ、この父親は猫にエサをやらなければならないから家を離れられなかったと弁明した。この誰が聞いてもわかる白々しい罪のないウソに苦笑する父親の優しい目は、容易に想像がつくだろう。

第3章 新王者の誕生

2003年6月30日月曜日、ウィンブルドン選手権の会場、オールイングランド・ローン・テニス&クローケー・クラブの上空を黒い雲が覆っていた。4回戦でフェリシアーノ・ロペスと対戦しようとするロジャー・フェデラーに、これから降りかかる災難を暗示しているかのような空模様だった。2001年にピート・サンプラスを下し一躍名を上げた男が、あの勝利はまぐれではなかったと証明する一日になるはずだった。だが突如、ウォームアップ中に背中へ激痛が走ったのだ。

一度でもテニスラケットを振ったことがある人ならば、背中の痛みほどありがたくないものはないことがよく理解できるだろう。ここで雨がもっと降ってくれれば、と彼は願った。そうなればロッカールームに戻り、施術を受け、痛み止めを服用して効き始めるのを待てばいい。だが、そういう日に限り雨は降らず、英国の曇天さえもこの男を裏切った。

この悲劇が幕開いたのは2番コート、通称「王者の墓」だ。多くの選手がこのコートを涙目であとにしてきた。この1年前にはピート・サンプラスのウィンブルドンにおける戦績が、このコートで終止符を打たされた。辞退者によって補欠で参戦しただけの無名選手が、ウィンブルドンを7度制覇した男を下したのだ。誰一人として、サンプラスがこんな形でコートを去ることを願っていなかった。試合後、ベンチに戻りブリジット夫人からの励ましの手紙を何度も読み返した。だが、すべてはもう終わっていた。「墓場」は、またも新しい死者を生み出してしまったのだ。

だからこそ多くは、このポニーテールで優雅なプレースタイルを見せる若手スイス人選手がテニス最大の舞台で輝くことを願っていた。サンプラスとアンドレ・アガシが去り、テニスは新しいスターを待望していた。男子ツアーは理由があって、「ニューボール、プリーズ」宣伝キャンペーンを行っていたのだ。フェデラーがポスターのなかから見下ろしている——並んでいるのは同じく若手有望株のアンディ・ロディック、レイトン・ヒューイット、マラト・サフィン、ファン・カルロス・フェレーロといった面々だった。

だが、そんな期待を背負ったテニス界の新星となるべき男も、グランドスラムになるとなかなか勝ちきれなかった。直近5大会で3度も1回戦敗退を喫していた。この数週間前、パリで、世界88位のペルー人選手、ルイス・オルナに敗れていた。フェデラーの身体が麻痺しているようだった。そのとき仏スポーツ紙のレキップは、試合を見ていただろう読者に向けて次のように伝えた。

「あなたはコートまで降りて、白昼夢のなかにいる男を揺り起こしたいという衝動にかられたに違いない」

ウィンブルドンの2番コートで、また同じような落胆を感じたのだろうか。2ゲームを終え、彼はフィジオセラピストを呼び出してコート脇で治療を受けた。あいつは試合を続けられるのか？　スタンド全体でひそひそ声の会話が交わされた。5分間の休憩中に、21歳のフェデラーは棄権を本気で考えた。だが、彼は試合続行を選んだ。幸いにもと言うべきか、筋肉の盛り上がりとロングヘアだけを見れば、ローマ時代のグラディエイターのようにも見える対戦相手には戦術思考が足りなかった。この左打ちのスペイン人選手はフェデラーの限界を見切ることができず、長いラリーに誘い出す代わりに焦って試合を進めてしまった。フェデラーは背中をかばうためサービスのスピードを時速10㎞ほど落とさなければならなかったが、それによって安定的に打つことができた。

厳しい戦いにはなったが、なんとかストレートで勝利を手にすることができた。スウェーデン人の専属コーチ、ピーター・ラングレンは大きく胸をなでおろし、このわずか6日後に、ウィンブルドン初優勝が実現したわけだが、そのときにフェデラーがあの対ロペス戦中の本音を吐露した。

「あのときは本当に痛かった。サービスひとつ打つにも苦労した。背中が痛すぎて座ることもままならなかった。トレーナーを呼んで痛み止めを出してもらい、それから背中に温熱クリームを擦り込んでマッサージしてもらった。そこで自分に言い聞かせたんだ。『あと数ゲームだけ我慢して、それで耐えられないなら、ここで試合に出る資格なんかないんだ』と。それでなんとか試合を続けられて、少しずつ体調もよくなっていったんだ」

あの4回戦の勝利は、フェデラーの偉大な足跡のなかで見ればおまけのようなものでしかない。だが本人にとっては、大きな飛躍の一歩だったのだ。そして、英国の陰鬱《いんうつ》な天気がまた水曜日に舞い戻ってきて、予定されていた準々決勝が木曜日に延期された。この一日延期はフェデラーばかりか、対戦相手のチャン・シャルケンにとってもありがたいものだった。というのも、手術して左脚から血腫を取り除いたばかりで、歩くのもままならない状態だったのだ。だが、中2日の休息と強力な痛み止めを打ってもこのオランダ人選手には不十分で、状態は回復せずに勝ち目はなかった。突如、フェデラーの前に、初優勝まであとふたつの勝利だけという道が開けたようだった。

何年も経ってからだが、フェデラーは四大大会が開催されるメルボルン、パリ、ロンドン、ニューヨークで、優勝するまでには5セットある試合を7つも勝たなければならないという事実におびえていたことを認めた。目の前に立ちはだかるエベレストに登ることに怯んでいたと言うのだ。

だが、突如視界が開けて山頂が見えてきた。まるで背中の痛みが、それまで抱いていた疑念とともに消え去ったかのようだった。アンディ・ロディックとの準決勝を前にして、「あいつがサービスエースを200本打てるわけではないから」と、もはや相手の時速200km を超えるサービスのことも心配しなくなっていた。

この若手ふたりの激突で、フェデラーはまるでゾーンに入ったかのようだった。完璧と評せるほどのボレーを相手側コーナーに落とし、つねに一歩先を読んでロディックのサービスの方向を正確に予測した。フェデラーより1歳若い、ネブラスカ州オマハ出身の選手にとって愕然《がくぜん》とするしかない大差がついてしまった。フェデラーは17本のサービスエースを決めたのに対して、ロディックはわずか4本だった。本来得意とするはずのラリーでもポイントを失い、ロディックは首を振るしかなかった。

それまで本大会の試合運びに厳しい評価を下していたコーチのピーター・ラングレンさえも、それまで教えてきたなかで最高の出来だったと最大限の賛辞を送った。また、BBCの解説者だったボリス・ベッカーは次のように断言した。

「テニスをしたい子どもは、全員フェデラーを見て学ぶべきだ。この男が教科書を書き換えたのだ。今ここに新しい時代の到来を我々皆が目撃したのだ」

そこまで言うのは大げさだった。優勝までもう一試合、マーク・フィリプーシスとの決勝戦が残っている。3度の膝の手術を乗り越え（2カ月半、車いす生活だったことさえあった）、26歳のオーストラリア人選手は見事な復活を果たした。4回戦で、この身長196㎝の巨人は、まるでミサイルのような「スカッド」と呼ばれる高速サービスを武器に、圧倒的なパワーで世界1位のアンドレ・アガシもねじ伏せていた。だが、ロディックに勝ってから、フェデラーはつねに優勢で試合を進めることができるようになっていた。

2003年7月6日は、スイスのスポーツ史において永遠に刻まれる日付となろう。タイムズ紙の表現を借りれば、「テニス界のハリー・ポッター」が魔法の杖を振り続け、2時間弱で終わってしまった。7－6、6－2、7－6のストレートで勝つと、フェデラーはひざまずき、ボックス席にいた当時は恋人だった〃ミルカ〃・ヴァヴリネックと、コーチのラングレンを見上げた。試合中は平静を保っていたが、今は感情をあらわにしていた。ベンチに腰かけ、トロフィー授与を待ちながら、優勝を少しずつかみしめ、生まれて初めてうれし涙を流した。まるで新生児かのように黄金のトロフィーを優しく抱きしめながら、何度となく優勝者インタビューで言葉に詰まった。言葉と考えがまとまらず、感情の高ぶりを抑えきれなかった。そしてつい、実は自分のプレー姿を見るのが好きなのだと口を滑らせた。最後は再び号泣し、スタジアムの観衆とテレビの前の視聴者も同じように涙した。

「泣き虫ロジャーが出た」とロンドンのタブロイド紙、デイリー・ミラーは容赦ない見出しをつけた。各放送局は詩的な表現で、このスイス人新王者をたたえた。著名なテニス記者のジョン・パーソンズはデイリー・テレグラフ紙で次のように書いた。

「ウィンブルドンで氷のような冷徹さを貫いたビヨン・ボルグ、そこにステファン・エドベリの優雅なボレーを加え、さらにピート・サンプラスの正確なサービスと、アンドレ・アガシのリターンを足せば、ウィンブルドンの新王者、ロジャー・フェデラーが完成する。（中略）決勝の日の興奮は頂点に達し、この若手選手であれば歴代名選手のなかでも最高の選手になるという予感を与えてくれた」

パリのスポーツ紙のレキップは、つい数週間前に手厳しくこき下ろしたばかりの選手に対し、正反対の称賛の言葉を並べた。「圧倒的な才能に恵まれて目が覚めるほどのまっすぐさも兼ね備え、この男こそ、この素晴らしい競技の最高の外交官だ。激動の時代にあって、このような芸術点が高い若者が台頭するという事実は、男子テニス界にとって最大の朗報である。これでサンプラスは心置きなく引退し、伝説は引き継がれるであろう」。まるで将来を予言しているかのような文言だ。

サヴォイ・ホテルで行われた祝勝晩餐会のあと、フェデラーは月曜の朝に借りていた家の庭に記者一同を招き入れて会見した。オールイングランド・クラブから車で3分のレイク・ロード10番地である。そこで写真撮影のためにポーズして、まだ真新しい世界各国の新聞の見出しが彼の目の前のテーブルに広げられた。すると、決勝戦後はとにかく疲れきっていたと語り出した。

「表彰式を終えて更衣室に戻ると、完全に消耗していたよ。緊張のあまり全身の筋肉が張っていたな」

語り口は、実際の年齢よりもはるかに大人びていた。

「勝者は残り、敗者は去る。勝者と敗者のあいだにはそんなに差はないのに、立ち位置はあまりにも離れている。真の王者とは勝った者だ。ウィンブルドンで1回勝っただけでこんなことを言うのは傲慢に聞こえるかもしれないけど、世の中はそういうものだ。目の前にある絶好の機会を逃すわけにはいかなかったんだ」

それから、なぜグランドスラム優勝まで時間がかかったのかを自らの言葉で説明した。

「僕にとっては、自分自身を保つということがいちばん大切だった。リラックスして、自分ならこの難局を乗り越えられると信じられるかどうかが重要だった。ヒューイットやサフィンのような選手のほうが、精神的な強さは備わっている。僕には、その境地にたどり着くまで時間が必要だった」

そしてウィンブルドン優勝者として、今後はセレブとしての生活が待っていることを自覚していて、その覚悟も十分にできていると言った。

「僕はピート・サンプラスと同じ獅子座だけれど、注目を一身に集める宿命らしい。だから、僕なら対処できるよ。幸い、スイスのパパラッチは英国のほどひどくないからね」

同日、プライベートジェットでベルン山地のグシュタードへ舞い戻った。はっきり言って、疲れきった身体に標高1050mのクレーコートの試合は決して望ましいものではなかった。それでも、フェデラーはこの大会のディレクターであるジャック・〝ケービ〟・エルメニャの期待を裏切りたくなかった。1998年にフェデラーがまだ弱冠16歳のときに、プロテニス大会の出場機会をワイルドカード枠で初めて与えてくれた恩人だ。

火曜日に、エルメニャは新王者が手土産つきで姿を現したことに心底驚いた。ジュリエットという名の体重816kgの乳牛を連れてだ。この目新しい組み合わせの写真は、瞬く間に全世界を駆けめぐった。

第4章 短気だった男が「禅」に目覚めると

テニスは、見ている限りでは単純な競技である。だが、プレーすれば鬱憤がたまる可能性は非常に高い。コンマ何秒の瞬時の決断を迫られ、反応しなければならない。そしてラリーの合間には、どうすればもっとまともにできたのかを否応なく考えさせられる。もし、あなたがロジャー・フェデラーのように、ひたすら完璧を追求するのであれば、間違いなく期待する次元に達することはできない。頭に血が上り、それを冷まさなければならない。幸いにも手にはラケットがあり、たまった熱を放出することができる。

10代のフェデラーがビールのテニスアカデミーで新しいカーテンを引き裂いてしまった話は、今も伝説として残っている。

「あんまり分厚いカーテンだったから、まさか切り裂けないだろうと思ったんだ」

テレビドキュメンタリー「リプレイ」で、そう若気の至りを振り返った。

「僕はヘリコプターのようにラケットを振り回した。すると、バターを切るナイフみたいに通ってしまった。そこにいたみんながプレーをやめて、振り返って僕を見つめた。まさか、切れてしまうなんてありえない！と思ったよ。最悪の悪夢だった！」

少年はすぐに荷物をまとめて出ていく準備をした。どのみち放り出されるのは明らかだったからだ。当然、カーテンを切り裂いたことに対して厳重注意が下された。罰として、1週間にわたり午前6時から7時にかけてトイレ掃除とコート整備を命じられた。もともと朝型の人間ではなく実家からも遠く離れた少年にとっては、いちばんこたえる仕打ちだった。

初代コーチ、チェコ人のアドルフ・〝セップリ〟・カコフスキーは、まずこの少年の短気をなんとかしなければならなかった。伝記『The Roger Federer Story（ロジャー・フェデラー物語）』のなかで、早くからフェデラーを知るスイス人記者のレナ・ストーファーも、初対面のときの印象が今も強く残っていると語っている。当時フェデラーは15歳で、チューリッヒで開催されたワールドユースカップに出場したところだった。強く印象に残ったのが、フェデラーの天性だけでなく、ラリーの最中に見せる怒りと心理面の不安定さだった。

「何度か、怒りと不快感をあらわにしてラケットを投げていたよ。いつもイライラしていたな。『クソ！』とか『バカ！』とか、ごくわずかの差でラインの外へ打ってしまうたびに叫んでいたよ。ポイントを取っても自分のプレーに納得がいかないときは、大声で自分自身のことを罵《ののし》っていたね。周りが見えていなかったのかな。自分とボール、そしてラケット、それ以外は何も目に入らないようだった」

両親はこの短気ぶりを恥ずかしいと考えていた。母リネットが語る。

「私たちはロジャーが試合で負けたからと怒ったことはありません。ですが、コート上での振る舞いについては厳しくしました」

父ロバートも手を焼くほどだった。

「コート上の振る舞いが、恥ずかしく思ったこともありましたよ」

２０１６年に、フェデラーは幼かった頃を振り返り、自分が短気を起こしたせいで父親がコートを出ていったときの思い出を語った。

「親父がこう言い放ったんだ。『こんな態度だったら、おまえと楽しくプレーできない』と。それで僕が座っていたベンチにお金を置いて、『俺はもう帰る。ひとりで家まで帰ってこい』と。家までバスで45分かかる距離だったから、まさか本当に親父が僕を置いて帰ってしまうとは思っていなかった。だから1時間くらい、親父がコートに帰ってくるのを待っていたんだけど、ダメだった。駐車場に行き、車がないのを見て、親父は本当に帰ってしまったのだと悟ったんだ……」

ほかにも、ロバートがジュニア大会からの帰りに山間の道で車を止めたことがあった。

息子は試合のことでふてくされていて、父親は車から息子を引っ張り出し、（頭を冷やさせるために）頭を雪のなかに突っ込んだ。母親のリネットが言い聞かせた。

「あんたの行儀の悪さは対戦相手を勝利に導いているのと同じよ。『僕を負かしてください！今日なら僕に勝てますよ』と言っているのと同じだからね。お好きにやりなさい！」

だが、こういった教育も当時の息子には大きな効果をもたらさなかった。

プロに転向してからも数年間はフェデラーの癇癪《かんしゃく》は続いた。一例として、2000年の全仏オープンのベスト16でスペインのアレックス・コレチャにストレート負けを喫したが、その試合中に4度もラケットをたたきつけた。言うまでもなく、そのときの映像が今もユーチューブに残っている。2001年のローマでも、対マラト・サフィン戦で、対戦相手も平常心を失う点では引けをとらなかったが、ふたりでラケットを壊す回数を競い合った。

第2セットのあと、いくつかの場面が大画面に映し出された。フェデラーがふと見上げると、それはうまくいったショットではなく、キレた場面ばかり集められていた。

「あちらが怒って今度は僕が怒る、みたいな。あちら、僕、あちら、僕……」

栄光のスイステニス史をまとめた『Years of Glory（栄光の年月）』のなかで本人が語っている。

「あの映像を見て、恥ずかしくなってしまった。あれを見て思ったんだ、こんな態度はよ

≫ヨガもしなければ太極拳もやらない。
指圧に頼ることもない。
しかしながら、この男こそ、
いま流行りのマインドフルネスの
手本である。

ろしくないと。立つステージが大きくなればなるほど、リスペクトとマナーが大切になる。ああいう経験をしないと、それに気付かないよね」

17歳から19歳にかけて、バーゼルのスポーツ心理学者クリスティアン・マルコッリのもとに通い続けた。またフェデラーは癇癪もちで情緒不安定だったが、マルコッリはすでにこの若手選手に非凡な心理と感情が備わっていることを見抜いていた。これだけ熱くなるのはテニスに対するあり余る情熱があるからだ。毎回の負けを自身の人間性の否定と捉え、なんとしても次の負けを防ぎたいと焦ってしまう。

もう一方で、学習能力も備わっていた。新しい情報を吸収する能力はマルコッリさえも驚かされるほどだったという。フェデラーがこのスポーツ心理学者との邂逅《かいこう》について深く語ったことはなかったが、わずかに触れたのが2009年、クレーコート・シーズンのモンテカルロ大会における記者会見のときだった。

「実質、アンガーマネジメントみたいなものだったね」

現役生活のなかで、心理学者と会っていたのはその時期だけだったという。

「端的に言って、どう振る舞うかは相手がどうこうではなく、自分自身が決めることだというのがよくわかった。両親はどのみち僕にいろいろ言ってくるし、友人も同じだからね。ほかの選手たちにも言われたよ、『おまえ、何に怒ってるんだ?』と。そこで気を落ち着かせて、そうだ、これからは冷静バージョンのロジャー・フェデラーでいくことを決めるのは自分自身なんだ、と」

多くの人が、コーチだったピーター・カーターが2002年8月1日に亡くなった（詳細は第6章で）のが「ミスター・クール」への転換点になったと考えている。だが、この過程はもっと早くから始まっていた。こういう心理的転換は、ひと晩で起きるものではない。フェデラーはまず、コート上での新しい自己認識を身につける必要があった。しばらくのあいだ、悪い意味で冷静すぎた。

「ほとんどの偉大な選手たちには闘志が満ちあふれている」

スイステニス界のパイオニアで、シュテファニー・グラフの元コーチでもあるハインツ・ギュンタードは言う。

「この熱量が大事なんだ。それが原動力になる。だが、内なる炎を制御する術《すべ》も学ばなければならない。そして、フェデラーの体内で炎が燃えさかっていたのは間違いない。そうでなければ、あれほど長く現役選手を続けられるはずがない。炎を燃やし続ける術を知っているんだ」

ここで疑問に思うのは、どうすれば火傷《やけど》することなくこのエネルギーを放出することができるのか、ということだ。

例えばだが、同じくスイス出身でグランドスラムを制したスタン・ワウリンカは、怒りをあらわにして、ラケットを破壊して膝でへし折るといいプレーをする（註：自宅ではやらないように！　ワウリンカはこの道の数少ない達人であることをお忘れなく）。ジミー・コナーズが不機嫌になったときは、何か啓示を得ようと観衆に話しかけた。反抗児のジョン・マッケンローは審判や線審に怒りをぶつけ、その分試合に集中しようとした。若きフェデラーの怒りは、これとは違って非生産的なものであり、他人よりも自身に向けられることが多かった。そして自分に不満だと気分がさらに悪くなり、プレーの出来も悪くなっていた。

「僕は感情的すぎたんだ」

２０１８年全豪オープンの抽選組み合わせ式典で、過去を振り返って語った。

「試合に負けたらいつも泣きたくなって、ラケットを投げつけ、ミスショットのたびに呪いの言葉を吐いていた。感情の赴くままに。ツアーで転戦してずっと重圧にさらされ続けると、どうしても消耗してしまう。そのときに思ったんだ。ああ、こんなキャリアを重ねるわけにはいかないな、と。このままだと25歳になるまでに燃え尽きてしまう。僕はもっとツアーを楽しめるようになりたかった。本来、夢がかなった生活ができているわけだからね。大観衆とテレビの前でプレーできるおかげで、少しリラックスできていると思う。僕は心理面の強さで知られるようになりたかった。そしてありがたいことに、それを実現できた。あの頃を乗り越えることができて、本当によかった。あれも僕の一部だ。多少おかしかったと思う部分もあるけどね」

フェデラーの成功が大きくなるほどに、コート上ではさらに物静かになり、制御可能になっていった。逆もまた真と言えよう。その積み重ねが完了したといえるのが2003年のウィンブルドンで、初のグランドスラム優勝へ向かう道のりだった。あの若い頃の醜態からの変身は、テニス史上でも特筆すべきものだ。両親に恥をかかせた短気が影を潜め、今やテニス全体の完璧な外交官だ。母リネットがかつて発した警告が、やっと効果を見せるようになったということだろう。もはや、試合中に心境を対戦相手にさらすことはない。いつも無表情を貫き、ポイントを獲得したときにほんの少し喜びを表すだけだ。言動や表情から読み取ろうとする対戦相手の努力も無駄に終わる。少しでも感情を出してくれれば、付け入る隙も出てくるのだが。

フェデラーは冷静なままで、黙って自信をみなぎらせるだけだ。経験豊富なパイロットのように、乱気流を通り抜けていく。そして冷静な頭で居続けることにより、決断を間違えることはあまりなく、重要な場面でも揺らぐことはない。テニスのように展開が速い試合では本能に頼る場面が非常に多く、勝者と敗者の差はほんのボール数個分であることも珍しくない。だが、そんな微差が大差になるのだ。土壇場になればなるほどさらにプレーの質が上がる、それがフェデラーの代名詞にもなった。絶頂の頃には、対戦相手のブレークポイントにおいてもサービスエースを計算に入れることができ、接戦での勝利がまるで当たり前かのようになっていた時期もあった。

「ロジャーの特徴は、自滅しないということだ」

オーストラリアのテニス戦略アナリストであるクレイグ・オシャネシーの言葉である。

「ほかの選手たちは、怒ったり、わめいたり、落胆したりして自滅していく。ロジャーはそういう要素を排除した。若手の頃はそういうこともあったよ。今は違う。ほかの選手たちがラケットを投げたり、諦めたり、やりすぎたりすることはままある。ロジャーはしない。自滅がないんだ。そのおかげで勝てた試合は多いね」

頭に血が上っていた10代は、その後どの流派にというのはないのだが、自分なりの「禅」を見いだしていった。ヨガや太極拳をやっているわけでもない、瞑想するわけでもなく、指圧の施術を受けるわけでもない。しかしながら、試合中に集中力を保ち、思考に邪魔させないという意味ではマインドフルネスの好例になっていると言えよう。かつてなく変動が速まっているこの世界で、誰もが求めている資質である。

集中力の持続に関するフェデラーの能力を示す好例といえるのが、史上初のヒューストン開催となった2003年のテニス・マスターズ・カップ（現ATPツアーファイナルズ）だろう。

自力で家具店を立ち上げ大富豪となったジェームス・マッキンベイル、通称「マットレス・マック」が地元にテニス大会を誘致したのだ。だが、会場のウェストサイド・テニスクラブは理想とは程遠いものだった。フェデラーが整備不良のコートと不十分な練習環境に不服を述べるのは、時間の問題だと思われていた。事実、ネットさえないコートで練習させられたこともあったのだ。批判されることに慣れていないマッキンベイルが、フェデラーの辛辣《しんらつ》なコメントを目にしてすぐに反応した。すぐに更衣室へ入り込み、アンドレ・アガシとの対戦を控えるフェデラーを訪ねていった。邪魔者に来られたとしばらくイライラしていたが、フェデラーは素早く立て直し、厳しい怒りの声を発してまで追い払った。そして、愛国者のマッキンベイルがひいきにしていたアガシを1度ならず2度も下した。1回目はグループステージで、2回目は決勝で。こうなれば、「マットレス・マック」はこの男を祝福するしかなかった。つまるところ、勝者はいつも正しいのだ。

フェデラーに負けが込み始めた頃、あまりにも冷静沈着すぎる、負けに対して淡々としすぎていると批判された。解説者たちは、もっと拳を握って「カモン！」とかなんとか叫んでみてはどうかと促した。マッツ・ビランデルに至っては、フェデラーはただ試合をこなしているだけで本気で勝ちたくないのではないかとまで言い放った。このスウェーデン人による驚くべき分析は、一時期は説得力があったが、その後は間違いだったことが明らかになる。

2009年春に、信じられないことがマイアミで発生した。ノバク・ジョコビッチと対戦した準決勝でフォアハンドのミスを犯し、フェデラーがラケットを破壊したのだ！ 観衆がざわつくなか、彼はベンチに戻り新しいラケットの準備をした。「これが若手の手本たるべき選手の振る舞いか？」と、スイスのタブロイド紙ブリックが厳しく書き立てた。「残念なロジャー・フェデラー」とノイエ・ズルヒャー・ツァイトゥング紙もたたいた。このような破壊行為に走ったのは6年ぶりだった。心の奥底には、フェデラーの怒りがまだ潜んでいたのだ。そして、それが表面に湧き出ることはめったになくなっていたのだが。

2017年のレーバーカップ以来、フェデラーの欧州チームでコーチを務め、フェデラー自身も敬愛するビヨン・ボルグと比べてみるとわかりやすい。コート上でポーカーフェイスを貫いたことから「アイスボルグ」の異名を得たボルグもまた、若い頃は短気な選手だった。罵り言葉を吐き、ラケットを投げ、いろいろ悪さをやらかした。12歳のボルグの態度があまりにひどすぎて、スウェーデン協会から6カ月間の出場停止処分を受けたこともある。また、地元セーデルテリエのテニスクラブから出入り禁止になったこともあった。人格の形成期にこういう処分を受け、その後の大きな教訓となったわけだ。それからは自らの感情を箱のなかに封じ込め、密封して捨てる術を学んだ。すると、あらゆる感情を外に出すことがなくなった。かつてライバルだったイリ・ナスターゼが振り返る。

「コートから出て、更衣室に戻ってきても、あいつが勝ったのか負けたのかすらよくわからないんだ。部屋に入ってきて、着ていた鎧を脱いできちんとたたむと、あとはシャワーを浴びるだけだったな」

　ボルグはあらゆる感情を押さえつける一方で、フェデラーは感情をうまく受け流す。大勝利や苦い敗北の直後には、時々、感情が表に出てきて涙として形になる。彼のおかげで、男子テニス界でも涙を流すことが普通だとみなされるようになった。2010年の全豪オープン決勝で敗れたあと、アンディ・マレーがコートで感動的なスピーチをした。

「ロジャーみたいに泣くことはできる。残念ながらロジャーみたいなプレーはできないけれど……」

第5章 〝これぞあるべき姿だ!〟

通称「ゼップ」ことハンス・ウルリッヒ・グンブレヒトは、栄光のプロスポーツ選手としてのキャリアの代わりに、スポーツ選手の野心についての研究に学究生活を捧げた。1948年にドイツ・ヴュルツブルクで生まれ、弱冠26歳でボーフムで教授となった。1989年から2018年まで、スタンフォード大学で比較文学も教えた。単に文学の研究におさまることはなく、幾度となく社会的議論に関わった。そして、知識人にしては特異ともいえる特徴がある。熱狂的なスポーツファンということだ。

2006年には、高い評価を受けた名著『In Praise of Athletic Beauty（アスリートの美への称賛）』を刊行し、12カ国語に翻訳された。最新作『Crowds / The Stadium as a Ritual of Intensity（観衆――熱狂の祭典場としてのスタジアム）』で、著者はスタジアムを訪れたときの熱狂について書いている。グンブレヒトはスタンフォードのアメリカンフットボールのチームに深く関わっており、ボルシア・ドルトムントのファンであり、1991年以来アイスホッケーのサンノゼ・シャークスの年間入場券を購入しており、ロジャー・フェデラーの美しさを崇《あが》めるひとりでもある。２０００年に米国市民権を得て、現在はシリコン・バレーのパロアルトにて２度目の結婚で「非常に幸せ」な生活を送り、４人の子どもと２人の孫にも恵まれている。ある意味、名選手になるよりいい人生だった、と本人も語っている。信じられないかもしれないが、毎朝19分間、プランク（体幹を鍛えるトレーニング）を行い、身体のどこかが痛むまで耐え続けるのだという。

このインタビューにおいて、氏はロジャー・フェデラーへの熱い思い、そして地球全体をとりこにするフェデラーの魅力とスポーツ界における立ち位置について語ってくれた。

――ご著書『In Praise of Athletic Beauty』において、あなたはスポーツに宿る美と魅力を熱く語っておられますね。２００６年の時点で、すでにロジャー・フェデラーの優雅さと天性の滑らかさを称賛しておられます。彼ののどのあたりに惹かれたのですか？

ハンス　観衆にとってスポーツに魅せられる理由のひとつは、時として選手の目に「死」が宿っているのを見るからです。もちろん比喩的な意味で、ですがね。この魅力がとくに醸し出されるのが１対１の対決であるボクシングですが、テニスにもそういう面がありま す。

例えば、サービスの瞬間のアップ映像を見ると、ラケットが振り下ろされる軌道は、往々にしてラケットで相手を切り裂こうとしているようにさえ見えます。この意味でいうと、試合後にネット越しで行われる握手も、ある種強制されてやっているものに見えます。

つまりテニスとは、明らかに格闘技の部類に入るものなのです。肉体的接触の点ではボクシングとは大きくかけ離れたものですが、心理面でいえばボクシングにかなり近いものがあります。相手をたたきのめすには、絶対に好機を逃してはなりません。むろん、ロジャー・フェデラーはそういう間合いの取り方と戦い方の達人だからこそ、今の地位にたどり着き、ずっと君臨しているわけです。

ですが、彼は（おそらく唯一の例外だと思いますが）それ以外のスポーツの魅力をも伝えてくれています。そういった要素を、私は美と優雅さ、このふたつの言葉で表したいですね。こういった要素は、言ってみれば現代の格闘技的なテニスからはなくなっているものですが、この男だけは違う。この特別な、唯一無二の存在には、本来見られない要素が備わっているので誰もが魅せられてしまうのです。

——フェデラーの何が、あなたに火をつけたのですか？

ハンス　フェデラーを見ると、テニス選手はかくあらねばならない、こうあるべきだと思うのです！　私が表現する「正しい」という言葉には哲学的意味を含めています。もう少し先へ進んだ言い方をすれば、フェデラーのプレースタイルを見ると、世界がいい方向へ進んでいることを実感できる。たとえ問題だらけの現世がここにあったとしても、何か正しい方向性が備わっている、それが世界全体に広がっている、と信じられるようになります。ある意味、宗教的と捉える方もおられるでしょう。しかし、私の場合はそうではない。フェデラーを見ることで私のなかの根底にある感情が揺さぶられ、何か言葉で言い表せない思いに駆られるのです。どちらにせよ、私はテニスに限らず世界全体はかくあるべきという姿をフェデラーに見るのです！

現在の私は、鳥の群れに魅せられています。鳥の群れを見ると、いかにしてすべての調和をとって前に進むことが可能なのか、一羽の主導する鳥がいなくても合従《がっしょう》が成立し、前進も可能だと教えてくれます。素晴らしいですし、同時にこれが正しい姿だと確信できるのです。つい最近、私たちが暮らす太平洋沿岸に嵐が襲ってきました。いかにして鳥が嵐に耐えて空中に居続けるのか、これぞ忍耐の手本とも言えるべき存在です！　フェデラーがテニスを通じて私に与えてくれる思いは、これと同じものです。

——つまるところ、テニスにおいて美しさは最終目的ではなく、あくまでも喜ばしい副次的産物とい

うことですよね。

ハンス　哲学者のイマニュエル・カントは、「美しさとは目的のない断固とした歩み」と定義しています。まさにフェデラーに当てはまる表現です。

結局のところ、スポーツにおけるすべての動きは競争で勝つためのものです。ですが、闘争の部分はゲーム性の側面により昇華されます。とくにプロ選手というのは、ひとつひとつの動きにどれほどの大金が動くのかを考えたときに、思ったとおりの動きができなくなることがままあります。

しかし、フェデラーにはそれが当てはまらない。本人もコート上にいるときは美しさになど注意は払っていないでしょう。あくまでもパッシングショットをライン上に乗せる、ボレーをコーナーに落とす、サービスでポイントを稼ぐためにプレーしているわけです。別に見た目のことなど考えていないでしょう。ですが、彼が放ったボールがわずかにラインを外れて跳ねたときに思うわけですよ。「残念だったな。美しい軌道だったんだけどな！ボリス・ベッカーとは正反対だよ。あちらは、闘争心を前面に押し出していた。プレー、ボレー、あらゆるものが素晴らしかった！　でも、美しさと優雅さはほとんどなかった」と。

デビッド・フォスター・ウォレスが自身のエッセイで「フェデラー・モーメント」と名

付けた瞬間は、美しさと機能性と、さらには死の危険さえも含んでいます。ですが、フェデラーの試合でとくに目立つのはあくまで美であり、致死性の毒ではありません。

――デビッド・フォスター・ウォレスが「フェデラー・モーメント」という用語をつくり出す前から、あなたはスポーツ愛好家が試合で体感できる完璧な美について触れておられました。そのような試合の見方をしていて、興奮のあまり奇声を上げてしまい、隣の部屋にいた奥さんが驚いて安全を確かめに来たことはありませんか？

ハンス （笑いながら）ええ、ありましたよ。私のようにスポーツに熱中していると、フェデラーの試合中には必ず「ワオ！」と声を上げる瞬間が何回も訪れます。ですが、フォスター・ウォレスが言うほど、大声でわめいたわけではありません。

本当の意味で美しさを理解するには、自身のプレー経験と実感が必要だと思います。フォスター・ウォレスは優秀な大学テニスの選手でしたから、ラケットを扱う難しさがより深く理解できると言えるでしょう。その点、私は水球の経験が少しあるだけですからね。

――フェデラーは世界全体で幅広い人気を得ています。それは普遍的な価値があるからか、それとも単純に試合運びで魅了しているのか。どちらだと思われますか？

ハンス　あなたが言う「普遍的な価値」とは、具体的にどういうものですか？　もちろん、誰でも当たり前に受け入れている普遍的な価値は存在します。例えば、「汝殺《なんじ》すなかれ」ですね。フェデラーと同じくらい裕福になったら寄付をすべき、とかね。こういうのはあまりにも当たり前すぎて陳腐だと思いませんか？

もちろん、フェデラーはこういう価値観を受け入れていますよ。個人的に知り合いではありませんが、一度同じ部屋で遭遇したことがあります。私がマグリンゲンにある体育大学で講演をしたときに来ていたのですよ。そのときの経験からしても、人間として正しいとされることはすべて実践している人物だという印象を受けました。

フェデラーと同じような価値を体現するアスリートはほかにもたくさんいます。ただ、一般論としてトップアスリートを道徳的規範として持ち上げるべきではないと私は考えています。誰にでもそのような可能性が備わっているわけではありません。フェデラーにそういう資質が備わり、期待されているとおりか、それ以上に立派に振る舞っているのは喜ばしいことです。しかし、彼のフォアハンドやボレーが観衆に与える感動はそれをはるかに超えたものです。私に言わせれば、試合運びが美しすぎるから、そこに人間性も投影させすぎているということでしょう。

――フェデラーがつくり上げてきた数多くの大記録を振り返ると、とくに印象に残るのは負けた2試合です。２００８年にウィンブルドン決勝でラファエル・ナダルに敗れたときと、２０１９年のウィンブルドン決勝でノバク・ジョコビッチに敗れたときです。このふたつが彼の印象にどのような影響を及ぼしていると思いますか？

ハンス もちろん、誰でもずっと勝ち続けたいし、あらゆる記録を塗り替えたいと思うでしょう。ですが、フェデラーは自身の存在意義についてラファエル・ナダルやノバク・ジョコビッチに頼る必要はないように見えます。今より獲得タイトルが2割減ったとしても、彼の価値は下がらないと思います。だって、本人のテニスそのものが芸術品で、完成した作品ですからね。全体像から見ると、皆さんはあまりにも勝ち負けにこだわりすぎています。

だいたい私の世代のドイツ人サッカーファンに世論調査をすると、70％が１９７０年のワールドカップ準決勝、対イタリア戦が代表戦のなかで最高だったと答えますね。よく知られているとおり、西ドイツは延長戦の末に3－4で敗れるわけです。ドイツサッカーの代表の歴史を振り返ると、優勝経験も豊富です。もちろん、勝ちを求めるからこそ熱中するという要素もあります。ですが、最終的に特定のチームや選手に魅了されるのは、勝ったことが中心要素にはなりえないのですよ。ボクシングでよく言うのは、最大のヒーローになるためには少なくとも一度は大きな敗北を経なければならない、それがなければボクサーは大衆的人気を得られないということ。そういう点から見ると、フェデラーの大勝負での負けは、さらに彼の魅力に深みを増しているように思います。

――ほかのスポーツの偉大な選手、モハメド・アリやマイケル・ジョーダン、ペレ、ベーブ・ルース、あるいはウェイン・グレツキーなどと比べて、フェデラーをどのように評価されますか？

ハンス　私にとっては、モハメド・アリとフェデラーのふたりが双璧ですね。そしてこのふたりには驚くほどたくさんの共通点がある。ぱっと見だけではわからないでしょうがね。

世界のあらゆる国々で、アリはあらゆる対戦相手に勝つことを望みました。美的要素でも、アリは際立っていました。当人が言っていたでしょう、「蝶のように舞い、蜂のように刺す」と。１９７１年にジョー・フレイジャーに敗れた試合は、間違いなく20世紀最高の一戦でした。２００８年のウィンブルドン決勝が、テニス史上最高の試合と言われるのと同じです。

フェデラーもそうですが、アリにはスポーツ単体を超えた価値を感じさせるものがありました。ラジオの前に座っている子どもにさえも、アリは美しさと強さを確信させることができた。負けていてもです。もちろん、マイケル・ジョーダンにも、ペレにも、ベーブ・

ルースにもウェイン・グレツキーにも突き抜けたものがありました。それでも私は、フェデラーとアリのふたりが双璧だったと思います。そう思わせるのは、偉大さは個人競技でのほうが強調されるからという側面もあるでしょう。そして先ほどもお話ししたとおり、ボクシングとテニスはどちらも格闘技で、本来美しさというのは望まれていないからこそ大きいのだと思います。

――もしですが、ナダルやジョコビッチにグランドスラム優勝の回数を超えられたらどうなるでしょうか？

ハンス　スポーツ選手の偉大さとは、単なる統計の数字だけで決まるものではないと思います。モハメド・アリは統計上、最高のボクサーだったのか？　ベーブ・ルースは統計上最高の野球選手だったのか？　おそらくは違うでしょう。数字だけですべてを決めてしまったら、議論の余地がなくなってしまう。

あらゆる競技において史上最高と称される選手がいて、数字を重視するかによって議論の行く末は変わります。数字だけなら話はすぐに終わり、一方で、ほかの要素も交えて話せばさまざまな視点が持ち込まれます。後者のほうがアスリート側にも救いがあって、数字だけでは選手に魅せられる理由がわからなくなります。アリもフェデラーも、共に勝ちと負けの両方を経てきているわけですからね。

――はっきり言って、フェデラーが勝とうが負けようがファンの人生が変わるわけではないのに、長年にわたり多くの人が熱中し続けていますね。2017年の全豪オープン決勝でナダルに勝ったときとか、2019年のウィンブルドンでジョコビッチに負けたときがそうです。つまり、彼はファンのアイデンティティの一部として溶け込んでしまったということでしょうか?

ハンス　もちろんです。今までの勝利も敗北も、ファンの生活の一部として染みついています。ドイツのサッカー雑誌「11フロインデ」で執筆するクリストフ・ビエルマンは、人々が生活をかけてスポーツに入れ込んでしまう心理についての素晴らしい記事を書きました。私もそういう感情があるのを実感しています。

私が最も心情的に入れ込んでいるチームは、スタンフォード・カーディナルです。大学アメフトのね。私は選手たちの学業や知的発達に関する相談役を務めていて、ホームでの試合の際は必ずサイドラインで応援しています。ホームゲームで負けてしまったら、それも相手が最大の宿敵バークリーだったら、もう次の日に私の顔を見るだけで負けたことがわかりますよ。そんなときにはヨーロッパへ行くのも憂鬱になります。スイスやデンマークでは、誰一人として大学アメフトのことなんか知らないですけどね。

2番目に強く肩入れしているのは、ボルシア・ドルトムント（BVB）です。私が9歳の頃に、祖父が超満員に膨れ上がっていた1958年の欧州カップ（現チャンピオンズリーグ）の対ACミラン戦に連れていってくれました。以来、BVBは私の人生のなかで大切な要素のひとつとなりました。フェデラーが多くの人の生活に染み込んでいるのと同じです。

2019年のウィンブルドン決勝の敗北がつらすぎて、もうテニスを見られなくなってしまったというファンはたくさんいます。こういうのは選択の問題ではありません。そういうことは起きてしまうのです。

――BVBのファンであれば、あなたが生きている限り、おそらくクラブはずっと存続するでしょう。しかし、フェデラーはいつか現役を引退します。フェデラーが多くの人々の生活にこれほど根付いているなかで、彼の引退後、この人たちはどのように生きていけばいいのでしょう？

ハンス 埋め合わせはできないでしょうね。次のフェデラーが出てくるとは思えません。エルビス・プレスリーの生き写しが出てこないのと同じです。私は今でも1977年にエルビスの訃報を聞いた瞬間のことをよく覚えています。そのとき、私はリオにいました。もちろん、その後もエルビスの歌を何度でも聴き返すことはできますが、もう本人が生の声を聴かせてくれることはない。フェデラーが引退したのちに、ビデオを見ても生で本人のプレーを見るのとは違うことと同じです。
フェデラーの現役引退は、ある意味で「死」と同じです、単なる比喩としてではなくね。その後、史上最高のコーチになったとしても同じです。死もまた人生の一部なのです。

——15年後や20年後、どのような形でフェデラーは記憶されるのでしょう?

ハンス　残るものがあるとすれば、彼がプレーを通じて与えてくれた喜びの感情ですよね。あんなふうにテニスができるなら、世界には何か正しいものがあるということです。同時代にフェデラーを目撃できた私は、それだけで幸せだと思います。

第6章 フェデラーのコーチたち
——ピーター・カーターはいつも共にいる

ロジャー・フェデラーのクラシックなプレースタイルが、かつてのオーストラリアのスター選手、ロッド・レーバーやケン・ローズウォールと似ているのは決して偶然ではない。最初のコーチはチェコ人のアドルフ・〝セップリ〟・カコフスキーだった。だが、歴代コーチのなかでいちばん影響を受けたのは、ワインで有名なバロッサ・バレー出身のオーストラリア人、ピーター・カーターだった。技術的には優れたものを持っていたがプロ選手としては大成せず、ランキングも最高173位で、20代半ばからすでにコーチとしての仕事に重点を置いていた。

母親が初めて息子に、すでに著名だったこのコーチと引き合わせたのは9歳のときだった。テニスクラブ・オールドボーイズ・バーゼルでコーチをしていたカーターは、癇癪もちではあったものの天性に恵まれた少年の可能性を早くから見抜いた。両親へ電話したときには「いい少年を見つけた」と話し、すぐに入れ込むようになった。

「ロジャーの天性はひと目でわかったよ。ラケットとボールの扱い方が図抜けていた。陽気だし、いつも楽しもうとしていた。これから本気でテニスを続けてくれればいいなと思っていたよ。実際、13歳からテニスにすべてを捧げていたね」

フェデラーは生来、ボールの扱いに長けていた。もともとフォアハンドは強みで、あとは片手のバックハンドが弱点といえば弱点だった。カーターの親友であり、自身も世界有数のプロコーチであるダレン・ケーヒル（レイトン・ヒューイットとアンドレ・アガシを世界1位に押し上げ、シモナ・ハレプをグランドスラム優勝に導いた人物）がフォックス・スポーツの取材に答え、フェデラーを初めて見たときの第一印象を語っている。カーターはこのスイス人少年に熱を上げていたが、ケーヒルがバーゼルを訪れた際にこの13歳の少年を見て、落胆を隠しきれなかったという。確かに腕のしなりは鋭くてボールへの反応がよかったが、ケーヒルの目から見るとまだダメだった。とくにバックハンドが気に入らなかった。「あいつをどう思う?」と、コートから出てきたカーターが聞いた。「まあ、OKだな」。素っ気ない返事に不満そうなカーターに、ケーヒルはフェデラーのバックハンドに関する問題点を延々と列挙した。「スイングが波打っていて、あのバックハンドのなかをバスが簡単に通り抜けられるほどだぞ。見ろよ、半分は途中で止まっている。スライスのときはラケットが上を向いて、外側のときは余計に大きなステップを踏み出しすぎていて、ニュートラルなボールには左へ踏み出してないだろ」

それでもカーターはめげなかった。「それはわかるけどさ、でもこいつに見込みはあるだろ、そう思わないかい?」

ケーヒルは、アデレード出身でもっと実力がある少年を知っていた。2年後にチューリッヒで開催されたワールドユースカップで、フェデラーはまさにこの少年と対戦した。レイトン・ヒューイットである。ケーヒルは、弱点であるバックハンドを徹底的に突いてヒューイットが簡単に勝てるだろうと思っていた。だが、しばらく見ないあいだに著しく技術の向上を果たしていた。ラケットを投げつけたり癇癪を起したりというといつもの悪癖は出たが、3セットにわたる激戦の末、フェデラーは勝った。結局、カーターのほうが正しかったのだ。

14歳のとき、フェデラーはジュネーヴ湖のほとりにある国立エクブレンス・トレーニングセンターへ移り、学校教育とテニスの練習を同じ敷地内で受けるようになり、カーターとの提携は2年間保留となった。だが、テニスクラブ・オールドボーイズ・バーゼルの絡みで、ふたりはトップリーグで共にプレーし続けていた。

1997年8月に、スイステニス協会はカーターをビエルに新設したハウス・オブ・テニスへ転任させ、フェデラー専任のコーチに任命した。ふたりは一緒に遠征へも行き、翌

1998年には、フェデラーがウィンブルドンのジュニアチャンピオンシップで優勝する。10代にしてさらにプロとしての技量と意識を高め、2000年の春にはカーター自身がそろそろ別の道を行かねばならないと悟るようになっていた。

世界ランキング50位内に加わり、フェデラーにとってさらに先を見据えた次の選択とは、自らコーチを選ぶことだった。そこでフェデラーが選んだのは、それまで多くの時間と労力を投資してくれたカーターではなく、ピーター・ラングレンだった。

その現実を前に、カーターは落胆を隠しきれなかった。これはフェデラーにとっても苦渋の決断だったが、カーターとの個人的な友情のために自身の将来を犠牲にするわけにはいかなかった。世界的に活動してきたラングレンの経験こそが、今後の飛躍のために欠かせないと判断したわけだ。長髪のスウェーデン人で、〝新ビヨン・ボルグ〟の異名をとり、最高で世界25位まで到達し、絶頂期にはピート・サンプラス、アンドレ・アガシ、マッツ・ビランデルやイワン・レンドルにも勝ったことがある。だがもちろん、不調の時期もあった。

ラングレンと手を組み、フェデラーは順調にランキングを上げ、2002年には初めてトップ10入りを果たす。だが、カーターへの恩も忘れていなかった。デビスカップでスイス代表のコーチとして推薦し、大きな名誉として受け取ったカーターは一度だけモスクワでこの任を引き受けた。２００２年2月のことだった。結果はフェデラーが2勝あげたものの、スイス代表の優勝にはつながらなかった。

そして同年8月の初めに、フェデラーがトロントでの大会に出場している際に悲報が入った。１回戦で敗退してふてくされていたフェデラーは、ラングレンの電話を取る気になれなかった。だが、ラングレンはかけ続けた。やっとフェデラーが電話に応じたとき、カーターが南アフリカのクルーガー国立公園近くで交通事故に遭い亡くなったことを伝えられた。違う車に乗っていたシルビア夫人は、幸いにもと言うべきか、助かった。フェデラーは新婚旅行先として南アフリカをカーターに勧めていたからこそ、この悲報に愕然とするしかなかった。トロントの街中にいた彼は、号泣しながらホテルへ駆け戻った。身近な人の死に直面したのはこれが初めてだった。

この数日後、試合のためシンシナティへ移動したが、心ここにあらずだった。１回戦で敗れたあと、バーゼルに戻って自身の21歳の誕生日を迎えて葬儀に参列した。

「教会を出たとき、人生でいちばん大きな悲しさを味わった。この悲しみに比べたら、テニスの試合で負けたことなんてなんでもない。本当は、もっとあの人に伝えたい言葉がたくさんあったんだ」

フェデラーが再びテニスへの集中力を取り戻すまでに、しばらく時間が必要だった。インドアのシーズンになってから試合に本腰を入れられるようになり、2002年上海開催の、ベスト8だけが参加できるテニス・マスターズ・カップ（現ATPツアーファイナルズ）の出場資格を確保することができた。そして、翌年にはウィンブルドン優勝を果たして、ヒューストンのテニス・マスターズ・カップ制覇も果たした。

キャリアは順調に伸びていったが、2003年12月9日に、フェデラーはラングレンとの決別を発表して全世界を驚かせた。それまでのふたりは完璧な組み合わせのように見えていたが、しばらく前から相性が悪くなっていたのだと明言した。あとになってだが、ウィンブルドン優勝によりふたりのあいだの力学というか、関係性に大きな変化があったことを認めた。あれを機に、コーチを無条件に崇拝するということがなくなり、まったくの逆になったのだという。繰り返すが、さらに上を目指すフェデラーの意識が改めて明らかになったということだ。

しばらくのあいだはコーチなしで活動し、成果も上げていた。2004年には、グランドスラム優勝3回の偉業を達成し、初めて世界1位にもなりテニス・マスターズ・カップ連覇も成し遂げた。それでもまだ上を目指し、そしてトニー・ローチと出会った。この59歳だったコーチに期待したのは、全豪オープン対策だった。左利きで、ネット近くの巧みなプレーで知られているこのコーチと15週間を共に過ごして、ボレーの向上に力を注いだ。

もはや基礎の指導は必要とせず、細かい部分や戦術面を助けてくれる指導者を求めていた。ローチは高齢ではあったが、それでも練習に新しい基準を持ち込み、自ら何時間にもわたってコート内を走り回った。2016年に、フェデラーはウィンブルドンで取材に応じ、この頃のことを語っている。

「トニーが聞いてきたんだ、『きみは5セットの試合を7回戦えるか?』とね。僕は一瞬絶句して、それから『わからない』と答えた。そしたら『今の質問に〝もちろん、なんの問題もない〟と自信を持って答えたいだろ?』と。それ以来、僕はそうできるように努めてきて、自信を持って『できる』と答えられるようになったよ」

この組み合わせは大きな成功を収めた。2005年は81勝4敗、2006年は92勝5敗という圧倒的な勝率だった。ローチのおかげもあり、9つのメジャータイトルのうち6つで優勝を果たした。唯一優勝を逃したのが全仏オープンで、皮肉にもこのコーチが現役の頃に唯一優勝できたグランドスラム（1966年）でもあった。そして2007年、ローラン・ギャロスの2週間前に、フェデラーは突如としてコーチとの決別を発表した。

「意思の疎通が悪くなっていた。これ以上、一緒にはやれない。トニーには受け入れてもらうしかない。これは僕のキャリアだから」

あとになって、さらにこう説明を加えている。

「（トニーが）すべてを捧げてくれていると感じられなくなっていた。燃えさかるものが感じられないというのかな。悲願の全仏オープンを前に、邪念を振り払いたかったんだ」

この言葉から、改めてフェデラーの考え方が浮き彫りになってくる。何かをするならば、100％を注がなければならない。中途半端は絶対に許さないということだ。

ローラン・ギャロスを控え、ベルン出身のコーチ、セベリン・リュティがチームに加わった（以来ずっと、フェデラーのチームの一員となっている）。2005年秋にリュティがマルク・ロセから主将を引き継いだデビスカップの頃から、ふたりはお互いのことをよく知っていた。リュティがジュネーヴ・パレクスポ・ホールでデビューを飾った際に、フェデラーは対イギリス代表戦でアラン・マッキンを一蹴した。リュティがそのときのことを振り返る。

「ロジャーと初めて同じベンチに入り、私は緊張していた。何も間違ったことをしたくなかったし、とにかく足手まといになりたくなかった。試合終盤のコートチェンジの際に、ロジャーが声をかけてくれたんだ。『デビスカップの主将をやってみて、気分はどうだい？』って。それで少し気が楽になったな」

リュティもジュニア時代は実績を残しており、のちに全仏オープン優勝を果たしたグスタボ・クエルテンをマイアミのオレンジ・ボウルで下し、スイス国内王者に17歳で輝いたこともあった。だが、20歳で選手生活に見切りをつけ、ビジネス界に見習いとして飛び込んだ。

「あの頃は何をしたいのか、はっきりとはわかっていなかった。だが、今そんなことを話して言い訳としてとられたくない。大成しなかった人がいろいろと並べるような話はしたくない。ケガをしたとか支援が不十分だったとか、そういうことは言いたくない。重要なのは一点だけだ。モノになったか、ならなかったか。プロ選手として、ある程度のところまで行けた可能性はあったと思う。でも、私は20歳でやめたんだ」

ただ、人当たりがいいこともあり、彼はフェデラーにとってもとても重要な存在となっていく。フェデラーは、年間200日か、それ以上をこの男と共に過ごす。2018年にスイスのテニス雑誌「スマッシュ」の取材で、リュティについていちばん感謝していることは何か、と聞かれた。以下がフェデラーの回答である。

「僕に忠実でいて、火のなかに飛び込むことも厭《いと》わないことだね。いつも懸命にやってくれていて、僕の要求にノーと答えたことがない」

そしてフェデラーの家族のことまでよく知っていて、いつ何をやればいいかをよく理解している。コートや練習パートナーの手配を一手に引き受け、それ以上のこともやってきたわけだが、長年の積み重ねによりさらなる信頼を得た。ちなみに熱狂的なアイスホッケーファン（お気に入りのチームはSCベルン）でもあり、フェデラーが必要とするアナリストとしての一面もある。だからといって、ほかの戦術家がやるようなデータをひけらかすということもない。そしてようやくと言うべきか、２０１７年にスイス最優秀コーチ賞に輝いた。

再び10年前に話を戻そう。２００７年全仏オープンで再び敗れ、フェデラーは２００８年のクレーコート・シーズンに備えてホセ・イゲラスを招聘《しょうへい》した。このスペイン人は選手、コーチの両方でスローサーフェスの達人であり、マイケル・チャン（１９８９年）とジム・クーリエ（１９９１年）をパリで優勝させた実績があった。だがフェデラーとはうまくいかず、ラファエル・ナダルに惨敗した。結局、勝てたのは４大会だけだった。イゲラスは優勝した全米オープンまでは帯同したが、そこで終止符を打った。

ウィンブルドン優勝を逃した苦しい一年となった２００８年を経て、フェデラーは２００９年に全仏、ウィンブルドンの二冠を達成する最高の夏を過ごし、２０１０年には父親になって初めてのグランドスラム優勝となる全豪オープン制覇を達成した。これですでにグランドスラム優勝は16回目となった。

それでもまだ技量を上げようと思いが募る一方で、ベースラインでの圧倒的な優位が揺らぎつつあるのを実感していた。それは、対戦相手がナダル以外のときでさえだ。そこで、２０１０年夏の終わり、全米オープン直前にポール・アナコーンを招聘した。選手として、この米国人はネット際で勝ち続け、コーチとしては１９９５年から２００２年にかけて、ピート・サンプラスがあげたメジャー14勝のうち9勝に大きく貢献した。フェデラーの攻撃スタイルをさらに磨き上げる任務を託された。当時を振り返り、アナコーンは語った。

「ロジャーは新しいラファエル・ナダル、新しいアンディ・マレー、新しいノバク・ジョコビッチがプレーの質を上げてきていることを認識していた。彼の長所のひとつは、自分のことをよく知っていることだからね。自分ができることとできないことをよくわかっていた。徹底して実利主義者だから。大きな決断を下すときに感情を高ぶらせることもない。だから、年齢を重ねても向上できるんだ。攻撃的に出られない局面でも、いかにしてバックハンドを活用して攻撃するか、対戦相手を不安にさせるいくつかのパターンをつくり上げることが大切になる。そうして強いフォアハンドを打てる機会をつくり出して、最後にはネットで仕留めるように持っていくんだ」

サンプラスとフェデラーは両者とも圧倒的な実績を残したわけだが、アナコーンはこのふたりがいかに違う人間であるかを痛感した。サンプラスはアナコーンに対して、用事があれば2～3分にまとめて話すことを要求した。対照的に、フェデラーは戦術に関しても細かいところまで話し合い、あらゆる疑問を洗い出し、ビデオを一緒に見ることを望んだ。アナコーンに言わせれば「王者のなかの知識人」なのだという。好奇心が続くから、これだけプロ選手としては高齢とされる域に入っても力が続くのだ、と。

アナコーンは何か革命的なものを彼にもたらしたわけではないが、後継者のステファン・エドベリにも引き継がれた進化の道筋をつくったのは確かだ。ふたりの関係の絶頂は、2012年のウィンブルドン優勝であった。そして2013年10月に、フェデラーとアナコーンは落胆と負傷が重なったシーズンを終えて、関係の終了を決めた。

フェデラーはすぐさま電話を取り上げ、エドベリを呼び出した。ボリス・ベッカーやサンプラスを決勝で破り、グランドスラム優勝6回を誇るスウェーデン人は、フェデラーが子どもの頃に憧れたひとりで、地元ともいえるバーゼルでも3回優勝していた。エドベリはその電話に驚かされた。1年前のストックホルム・オープンの際に対面して連絡先を交換したが、エドベリはプロテニス界からしばらく距離を置いて金融業界の仕事に従事していて、テニスとの唯一の接点は息子のコーチをするときだけだった。それ以外の依頼があってもすべて断っていたと、地元紙のヨーテボリ・ポステンに答えていた。

だが、フェデラーはしつこく依頼し、到底断れる状態ではなかった。リュティもメインのコーチとして留任していた一方で、エドベリにはアイデアの供給を求めた。フェデラーからすると、子どものときに憧れていた人が自分のベンチにいて、テニス論を交わしているというのは非現実的な光景だった。おそらく、フェデラーはこう思ったのではないか。ビジネスと楽しみを組み合わせて、何が悪いのか？　皮肉にも、エドベリの生涯のライバルだった男、ボリス・ベッカーがほぼ同時期にジョコビッチのコーチとしてプロテニス界へ戻ってきた。

エドベリは、史上有数のネットプレーヤーとしての名声をほしいままにしていたが、その影響はすぐにフェデラーの試合運びに現れるようになった。若い頃よりさらにネット前での動きに磨きをかけて、円熟味を増すようになっていた。エドベリが教えたのはネットへの寄せ方で、ボレーと同じくらい重要視された。フェデラーは積極的なプレーを学んだだけでなく、テニスの楽しみを再発見することができた。

この組み合わせにより、グランドスラム優勝がもたらされたのも当然である。フェデラーのプレーは明らかによくなり、2012年のウィンブルドン優勝時よりさらに磨きがかかった。だが、ベッカーの薫陶《くんとう》を受けたジョコビッチは、ウィンブルドン（2014年、2015年）と全米オープン（2015年）制覇を果たす。この次元になると、技術よりもメンタルで決着がついた感があった。対ジョコビッチ戦においては、フェデラーの動きは少し硬く、いつもの攻撃的なスタイルが影を潜めたように見えた。

エドベリは2015年に、ミロシュ・ラオニッチのコーチだったクロアチア人のイワン・リュビチッチと交代するまで、2年間フェデラーのチームに残った。この関係解消は非常に友好的なものであり、その後も幾度となく、グランドスラムでフェデラー側のボックス席に姿を現している。元教え子が、自身が予測していたとおりに優勝する姿を自分の目で確かめたかったのだろう。だが、その時が来るまで長い時間待たされることになった。

2016年全豪オープンを控え、娘ふたりを風呂に入れていたときに、フェデラーの左膝から嫌な音がした。当初は痛みもなさそうだったが、結局は半月板の手術が必要となり、フェデラーは生まれて初めて手術を受けることとなった。手術は成功して復帰後2カ月は好調だったが、左膝が完全に回復することはなく、また重心がどうしても傾くため腰痛が再発してしまった。ウィンブルドンのあと、急遽そのシーズンの残りをすべて欠場することを決めた。だが、リュビチッチとの共同作業はそのまま続けた。現役の頃、フェデラーに（15試合で）3度勝ったことがあるこの193㎝の大男は、単に最適任のコーチというだけでなく、最高のスパーリングパートナーでもあり、体型も維持していて強烈なサービスを放つことができた。

リュビチッチがエドベリのスピリットを引き継いでいることには、まったく疑いの余地がない。そもそも、彼自身もまたエドベリに憧れてラケットを握るようになったのだ。リュビチッチの人生は感動的なものだ。13歳のとき、旧ユーゴスラビアの内戦により今ではボスニア・ヘルツェゴビナの一部となっている故郷の街バニャ・ルカを、母と3歳の弟と共に離れるしかなくなった。トリノにあったテニスキャンプのおかげで、プロ選手になることができたのだった。

もうひとつのリュビチッチの強みとは、自身がフェデラーのライバルたちと試合をした経験だ。ナダルのトップスピンが利いたショットやジョコビッチの粘り強いラリーを体感している。

フェデラーとリュビチッチの忍耐は実を結んだ。2017年全豪オープンで、ふたりは4年半ぶりのグランドスラム優勝を祝うことができた。それによりさらなる明るい道筋が開け、2017年のウィンブルドン、2018年の全豪オープン優勝に続いていく。

またそれらの勝利は、いつもどおりピーター・カーターの両親、ダイアナとボブ夫妻が見守っていた。2002年の息子の葬儀で、夫妻は息子がよく話題にあげていたフェデラーと2度目の対面を果たした。以来、ふたりはずっとフェデラーと連絡を取り合っていた。2003年メルボルン開催のデビスカップ準決勝のサイドラインにおいて、カーター夫妻は初めて長時間にわたりフェデラーと話し込んだ。そのときのことを、2012年にボブがシドニーの日刊紙、オーストラリアンに語っている。

「あのデビスカップがあった週末に、私たちは本当の意味でロジャーのことをよく知ることができて、感極まるものがありました。我々を誰もいない、3人だけの部屋に連れていってくれて、長時間話してくれた。そうしてあちらも我々夫婦のことを知ってくれた。そのとき伝えたんだ。『ロジャー、ただ力を出しきってくれ』と。ピーターはいつも地上にいるきみのことを思っているはずだから、と」

フェデラーとの友好関係のおかげで、カーター夫妻は息子がいなくなった喪失感に少しずつ対処できるようになった。２００５年以来、フェデラーは必ず夫妻を全豪オープンに招待し、費用は全額負担している。当初は大会開催中の２週間ずっと同行していたが、高齢になった夫婦にとってはさすがにそれは負担が大きく、最近は決勝のときだけ来るようになっている。

「あの人は僕にとって最初のコーチではなかったが、本物のコーチだった」

フェデラーが今も残るカーターの影響についてそう語る。

「あの人のおかげで、僕のテクニックの基礎と冷静さがつくり上げられた。僕自身のことと試合運びをよく理解してくれていて、僕にとって何がいいのかを判断してくれたよ」

カーターはいつもコートにいる、とフェデラーが語ったこともあった。２０１９年前半のCNNインタビューで、これが決してお飾りの言葉でないことが明らかになった。インタビュアーがフェデラーに尋ねる。

「あなたがウィンブルドン初優勝を果たす1年前にカーター氏が亡くなったわけです。今、グランドスラム20回優勝を達成したあなたを見て、彼はどう言うと思いますか？」

フェデラーはしばらく絶句し、そして涙を流した。「申し訳ない。今でもいてほしいと思うよ。きっと誇りに思ってくれるだろう」と切り出し、「きっと僕に才能を無駄遣いしてほしくなかったのだと思うよ」と付け加えた。

フェデラーにとって、優勝の瞬間にカーター夫妻がいることは大きな意味を持っていた。夫妻のほうも思いは同じだ。ダイアナとボブのカーター夫妻は彼のキャリアを喜びながら見守っている——息子と同じように。

第7章 フェデラーの金細工職人・ミルカ

第一印象がすべてというわけではない。そうでなければ、スイステニス界にとって夢のようなロジャー・フェデラーとミロスラヴァ・ヴァヴリネックの〝ドリームチーム〟は、完成しなかっただろう。そして、夫人の重要な役割なくして、フェデラーが長いキャリアを維持することもかなわなかったかもしれない。

夫人にとって、10代後半にフェデラーと出会ったときの第一印象は決してよいものではなかった。周囲から「ミルカ」と呼ばれている彼女だが、将来の夫を初めて見かけたのはテニスクラブ・オールドボーイズ・バーゼルでプレーしていたときだった。当時のことについて、フェデラーが２０１６年にガーディアン紙の取材に答えている。

「周りのみんなから『あいつのことは見ておいたほうがいいよ。ものすごい才能があって、将来有望だから』と言われたらしいんだ。でも、妻が最初に目撃したのは、僕がラケットをぶん投げてわめいている場面だったらしい。で、妻は『（皮肉を込めて）あらま、ホントに素晴らしい選手ね』って言いながら、この男は大丈夫なの?って思ったらしいよ」

だが、2度目のチャンスのときに別の側面を見せることができた。ウィットに富んでいて、繊細な面もあり、そしてうっとりさせられる一面だ。

2000年夏のシドニー・オリンピックは、スイス代表にとって悲惨としか言いようのない状況に追い込まれた。スター選手だったマルチナ・ヒンギス、パティ・シュナイダー、マルク・ロセは全員出場せず、若手のフェデラー、ミルカ、エマニュエル・ガリアルディとコーチのピーター・ラングレンの4人で、同じく4人のレスリング代表と選手村のなかにある一軒家をシェアすることになった。そして、まさかそこでロマンスが始まるとは誰も予想すらしていなかった。

オリンピック本大会の前から、ミルカはスイスの記者たちにフェデラーがおもしろおかしいことばかり話していて、笑いすぎてお腹が痛くなるなどと談話していた。退屈しない点で嫌いではなかったが、それはあくまでも冗談を飛ばして周りの雰囲気をよくしようとしているだけで、実は彼のほうが思いを寄せていたのだということに長く気付かなかった。のちにミルカは、「なんであの人が私にやたらと話しかけてくるのか、よくわからなかった」と振り返った。

コート上では、フェデラーは2度にわたりメダル獲得の機会を逃した。準決勝の対トミー・

ハース戦と3位決定戦の対アルノー・ディ・パスカル戦ともに敗れた。だが、コート外では決定打を放った。最終日に、ありったけの勇気を振り絞ってミルカにキスしてみたのだ。彼女も受け入れたが、冗談半分にまぜっかえした。

「坊や、あんたはまだ若いのよ」

フェデラーは19歳になったばかりで、ミルカはすでに22歳だった。

「妻のほうが少し年上だったし、そもそも女性のほうが成熟するのが早いからね。でも、付き合い始めてからは気にならなくなったね。僕たちはすぐに真剣交際の段階に入ったよ」

当初、このふたりは恋愛関係を公表することはなかった。２００１年夏の時点でテニス界ではすでに公然の秘密の類《たぐい》となっていたが、フェデラー本人の希望もあって全米オープン中に公表することとなった。ふたりともお互いの試合をスタンドで観戦していたし、フェデラーのコーチだったピーター・ラングレンはミルカの指導もしていたので、どのみちもはや隠すことはできなくなっていた。

「バーゼル出身の好青年とトゥールガウ出身の美女が、コート上だけでなく、コート外でもやり取りしていたということだ。ロジャーが勝ったときには彼女がキスする、これはよくあることだ。ミルカが負けたときには彼が慰める、これもそれほど珍しいことではない。いまや数カ月にわたり、ロジャーとミルカは過酷なプロテニスツアーをほぼ一緒に回っている」

チューリッヒのタブロイド紙、ゾンタークブリックが報じた。だが、この記者は少々想像を膨らませすぎたようで、実際のところは、ミルカの言葉をそのまま引用しよう。「そんなに言うほど簡単ではないのですよ。幸い、電話とメールがあるからまだいいけど。今のところ一緒にプレーしたのはグランドスラムとキー・ビスケインの大会だけですから」

そのニューヨークでミルカは自己ベストの結果を出し、3回戦まで進出した。そして、2002年初頭にパースで開催されたホップマンカップの団体戦に出場したが、その後、慢性の足の痛みを抱えていた彼女は現役引退に追い込まれた。最後の試合は、24歳の誕生日の2週間後だった。短い選手生活だったが、最高で世界ランキング76位まで行き、生涯賞金26万832ドルを稼いだ。

ミルカは1978年4月1日にスロバキアのボイニツェで生まれ、トゥールガウ州のクロイツリンゲンで育った。両親のミロスラフとドラホミラは、ひとりっ子だった娘が2歳のときにスイスへ逃れた。父親は金細工職人で、長年クロイツリンゲンのカルッセル・ショッピングセンターでジュエリーショップを経営していた。現在も、オンラインで注文を受けて金細工の仕事を続けている。

娘がスポーツに向かったのは、父親の影響だった。1987年に、父親が9歳だった娘を連れて、割と近場のドイツ、フィルデルシュタットで開催されたテニス大会を見に行った。そこで、9歳のミルカは憧れのマルチナ・ナブラチロワと出会い、父親がつくったイヤリングをプレゼントした。ナブラチロワは喜んでこの贈り物を受け取り、「この子はスポーツ向きですよ」と言ってくれた。そして、同胞でスイスに移住していたイリ・グラナトと引き合わせた。

世界100位以内に加わり、ジュニア時代にはナブラチロワと混合ダブルスをよく組んでいた彼は、ミルカにお試しのレッスンをしてみると、それほどプレー歴が長かったわけでもないのに光るものがあるのを見抜いた。

「身体に柔軟性と機敏さが備わっていましたね。でもね、私が本当にいいと思ったのは、彼女が本気だったということですよ。テニスをするほとんどの子どもは、親がしてほしいからやっているだけなんですよ。その点、彼女は本当にテニスが好きで、自分から何かを学ぼうという姿勢がありましたね」

グラナトは数回にわたって指導にあたったが、一家が車で1時間離れたクロイツニンゲンで暮らしていたこともあり、長期間を付きっきりで指導するというわけにはいかなかった。だが数年後、ミルカが国際ジュニア大会への参加の意思を固めた頃に、両親から再び連絡がくる。そして、グラナトは17歳になった彼女のコーチとして、ローラン・ギャロスとウィンブルドンに帯同した。強い意志と練習意欲に加え、当時のことで最も印象に残っているのは自立心だったという。

「ほかのジュニア選手たちと比べて、明らかに自立していましたね。彼らは両親に頼りすぎなんですよ。それこそ、子どものためにコートまでバッグを持っていってあげる親もたくさんいます。その点、ミルカはまったく別物でした。すべてを自分でこなしていましたからね。お母さんはいつも大会に来ていましたが、諸々の手配をするのは全部ミルカでした」

今に至るも、4人の子どもや乳母たち、個人教師、コーチたちを合わせて10人を超える集団をミルカは見事にまとめている。選手生活は、言ってみれば本当の意味で始まる前に終わってしまったが、その経験は夫の選手生活を支えていくうえでかけがえのないものだった。それはグラナトも認めるところだ。

「ミルカにプロテニス選手の経験があるという事実は、ロジャーにとってはものすごく大きいですよ。プロテニス選手の生活に関するあらゆることを知っているわけですからね。勝ったときにどんな気持ちかも、負けたときにどのように声をかければいいのかも知っている。やっぱり、自分で経験していないと実感ってできないものなんですよ。彼女はいかなる場面でも、どう対処するか、どう反応すればいいかをよく知っているのです。そして、どうすればロジャーをテニスに集中させることができるのかもね」

プロテニスで成功するためには、時としてわがままになる必要がある。ずっとというわけではないが、グランドスラムの最中など何度かは必ず自我を通す必要があるのだ。そこに妥協の余地は一切ない。無駄な労力を省き、回復と、次の試合への準備だけに集中しなければならない。赤ん坊をあやしたりオムツを替えたりするために、夜中に3度起きなければならない選手は、次の試合では絶対に勝てない。

2012年のニューヨーク・タイムズ紙の取材で、フェデラーは別に意図して選手仲間と付き合い始めたわけではなかったと答えている。

「だけど、妻が元選手だったおかげでものすごく助かっているよ。ここまで来るのにどれくらいの労力が必要だったのかをよくわかってくれているし、実際にそのレベルにまでは達していなくても、彼女自身が選手として活躍していたわけだからね。今だって努力を続けている。だから、『ごめん、練習に行かないと』と言ったら、真っ先に『わかってる。行ってらっしゃい』と言ってくれる。それは大きいよ」

また、1992年バルセロナ・オリンピックで優勝したジュネーヴ出身のマルク・ロセは、フェデラーをATPツアーに導いたひとりだが、次のように語っている。

「彼の成功の半分は、ミルカのおかげですよ。偉大な男の背後には、強い女がいるという言葉があります。ミルカは、いつも周りの雰囲気を明るくしてくれます。背後をきちんと固めてくれているから、ロジャーはテニスだけに集中できる。だからこそ、今までこれだけの優勝トロフィーと賞金を手にすることができたのでしょう。膝のケガをしたとき（2016年）、妻として『もう十分じゃない。やめてもいいのよ』と言ってもよかったはずでした。でも、選手生活を続けるように背中を押したのです」

ミルカ自身もまた、フェデラーとの関係のおかげで選手生活を終え、順調な第二の人生を始めることができた。2002年に選手生活を諦め、その後に挫折を感じる間もなく新しい役割に没頭することができた。自身は選手として大成しなかったが、フェデラーを通じて別の役割を見つけたのだ。2004年のウィンブルドン大会中に、彼女はチューリッヒの新聞、ターゲス・アンツァイガーにこう語っている。

「ロジャーが勝つと、私も勝ったと思えます。ひとつ勝つことがどれだけ大変なのか、私自身がよく知っているからです。彼は、すべてのものを私と分かち合ってくれます。ある意味で、ロジャーは私の選手生活の埋め合わせをしてくれている。改めてツアーに同行できるようになり、うれしく思っています。ロジャーが世界1位になったことで、ある意味で自分が選手だった頃よりも張り詰めた緊張感があります」

彼女が長時間のインタビューに応じたのは、おそらくこの記事が最後である。当初はロジャーの広報担当として、事あるごとに取材のお断りを連発していたわけだが、現在その任務は新しくマネージャーとなったトニー・ゴッドシックに回され、彼女自身が公の場で話すことはなくなった。フェデラー本人の希望もあってか、揚げ足取りに遭わないよう身近な人たちが公の場で話すことはほとんどない。夫人はツイッター、フェイスブック、インスタグラム、スナップチャットの類は一切やっていない。あるのは約7万4千人のフォロワーがいて、今も数が増え続けているインスタグラムの非公認ファンページだけだ。

もう10年以上インタビューに応じていないということもあり、ミルカの素顔や本音については謎に包まれている。だが、フェデラーの試合があると必ずボックス席に姿を現すことで存在感を示している。大一番になればなるほど感情をむき出しにして拳を突き上げ、また傷つくこともある。

2014年にロンドンで開催されたATPツアーファイナルズで、スイス人同士の激闘が繰り広げられた。フェデラーと対戦したスタン・ワウリンカから、彼女の応援が邪魔だと不満の声が出た。第3セットの重要な場面で、ワウリンカがミルカに向かって静かにしてくれと要求したら、彼女のほうが「なによ、この泣き虫が！」と言い返したのだ。本来なら、紳士のスポーツであるはずのテニスにおいては褒められた言行ではない。これでさらに頭に血が上ったワウリンカは、4度のマッチポイントを決めきれず試合に敗れた。そして、更衣室に戻ったふたりは口論になった。だが1週間後、ふたりは仲直りしてフランスのリールで開催されたデビスカップ決勝でフランス代表を共に下した。

ほかにも、ミルカが夫の試合にどれだけ情熱を注ぎ込んでいるのかを証明するエピソードがある。なお、これはマイクが拾ったものではない。米国人記者のジョン・ヴェルトハイマーの著書『Strokes of Genius（天才の一閃）』によると、2008年ウィンブルドン決勝で夫がラファエル・ナダルと対戦したわけだが、1回目の雨天中断の際にロッカールームへ乗り込んだのだという。そして、どちらがウィンブルドンで5回優勝した側なのかを思い出させたという。ロジャーは無言のままその言葉を聞き、黙ってうなずいたそうだ。この激励がきいたのか、コートに戻ると最終的には第5セットを落として敗れたものの、0－2で負けていたところから盛り返して2セットを取り返したのだった。

「僕の才能をいちばん信じ、無駄にしないよう願っているのが妻ということなんだろうね。確かに妻は、自分の選手としての能力はそこまで高くないことをよく知っていた。ただ、ものすごい努力家だし、僕がきちんと努力すればどこまでもいけるというのを知っていたのだろうね」

2009年に双子の娘マイラとシャーリーンが生まれてからは母親業が中心となったのは当然だが、夫のサポート面で彼女の影響力が落ちたということはない。2012年に、当時フェデラーのコーチだったポール・アナコーンがニューヨーク・タイムズ紙にこう語った。

「今でも夫人は大きな役割を果たしていますよ。テニス選手という職業の全体像を把握していて、我々が気持ちよくテニスに集中できる環境をつくり上げて貴重な情報ももたらしてくれています。これは簡単に見えて難しいことなんですよ。若い頃からロジャーとずっと一緒にいて、どうすれば目標に到達できるかをよく知っていますからね」

そして、いまや夫に面と向かって苦言を呈する、直言できる唯一の人物となっている。

第8章 家族帯同のツアー

「この椅子は空いていますか?」

馴染みの声が私に問いかけた。そのとき、私は地元の室内プールにあるカフェテリアで、上の娘とホットドッグにぱくついていた。泳いだらお腹が減るのは当たり前だ。見上げると、笑顔のロジャー・フェデラーがいて、私たちのテーブルに加わった。「ええ、もちろん空いてますよ」と、私は驚きつつも喜んで迎え入れた。あちらもちょうど双子の娘、マイラとシャーリーンを水泳教室に連れてきているところだったが、本人がプールに入ることはなかった。ちょうど天然芝のシーズンに入るところで、水中で動き回って風邪をひくのを恐れていたのだろう。

これは2019年ローラン・ギャロス直後の火曜日で、フェデラーが準決勝の対ラファエル・ナダル戦に敗れた4日後のことだった(その後、ナダルは12回目となる優勝トロフィーを獲得した)。その記者会見で、私はフェデラーと顔を合わせていた。いま私たちは室内プールで同じテーブルに座り、小一時間気軽なおしゃべりをしている。

普段ジャーナリストとして聞くような話題は極力避けた。この男が、公私の区別を明確につけることをよく知っているからだ。オフの時間帯には、テニス以外のことを話題にしようとする。だから、私たちはほかのスポーツや普段の生活について話した。例えば、父親としての課題について、子どもが言うことを聞かないときにどうやってイライラしないようにするか、休暇でスキーに行ったときに朝早く子どもたちをたたき起こすのがどれほど大変か、また、スキースクールの集合時間に間に合うよう行かせるのがどれほど難儀か、とか。

フェデラーはまた、当時7歳だった私の娘もかわいがってくれて、私たちの会話中に娘が退屈そうにしていたらうまく話しかけてくれた。「いちばん好きなスポーツはなんだい?」とか、「スキーを楽しめているかい?」とか。娘がケーキを買いたいけれどひとりでは行きたくないとわがままを言ったら、手をつないで店まで連れていってくれた。4人の子どもの父親として、子どもの願いを受け入れる術をよく知っているのだ。

このときのやり取りから、フェデラーはたまに子育てに参加する〝なんちゃってパパ〟ではなく、本気で子どものことを愛する父親であると確信できるようになった。子どもと一緒にいることを本当に楽しんでいるのだ。バリバリの現役選手ながら、可能な限り子どものために時間を割いて約束を守ろうとしている。

一例をあげると、2019年のウィンブルドン決勝でノバク・ジョコビッチ相手に2度もマッチポイントを逃し、5時間にわたる激闘の末に敗れたときのことだ。翌日、家族や親しい友人とのキャンプのためスイスへ出発した。当然、まだ心身ともにボロボロ、絶好機を逃してしまった悔いで硬いベッドの上でもがき、寝ることさえ難しかったのではないか。だが、疲れきった身体を引きずり、翌朝ベッドから這い出た。子どもたちがこのキャンプを本気で楽しみにしていたからだ。フェデラー一家はグラウビュンデン州のアッペンツェラーランドに向かい、サイン攻めに遭わないようにキャンプカーを少し人里離れたところで止めて、ハイキングをしたりソーセージを焼いたりした。天気は最高で、フェデラーのウィンブルドンでの悔しさが少しずつ解けていった。しかし、のちになって笑顔を浮かべながら、あの旅行が数日間で終わってよかったと告白した。

「ウィンブルドンとキャンプで本当に疲れ果てていたからね。僕が本当に必要としていたのは、休暇さえも休める休息だった」

子どもがいる夫婦にとって、家族の時間と仕事を両立させるのは容易ではない。まして、全世界を飛び回らなければならないプロテニス選手にとっては、なおさらのことだ。フェデラーにとっては、家族と離れてずっと遠征するという選択肢はありえない。2009年

7月23日に双子の娘マイラとシャーリーンが生まれ、2014年5月6日、双子の息子レオとレナートが加わった。この一家ではいつも双子が生まれるようだ。フェデラーの姉、ダイアナも2010年9月にラモンとエミリーという双子を出産している。2018年に、インディアンウェルズでフェデラーは取材に応じ、2人ではなく4人の子どもを連れて飛び回ることの大変さと利点の両面について話している。

「計画は立てやすくなったね、何がうまくいって、何がうまくいかないかはもうわかっているから。ただ4人の子どもがいると、そちらのほうが重要になるから、必然的に僕がプレーする機会も少なくなっていく。もっと前なら、あれもできるこれもできると考えていたけど、今はそうはいかなくなっているね」

フェデラーは、本当に家族思いの男である。おそらくは、そんな家族思いな姿勢は両親から受け継がれたものなのだろう。2018年全豪オープンを前にして、今までのキャリアのなかでいちばん楽しかった時期はいつかという質問にこう答えた。

「今だね。4人の子どもができて、子どもたちの前でテニスを続けられるとは思ってもいなかった。だから、絶頂期の頃よりも今のほうが楽しいね。もちろん一年中勝ち続けるのは楽しいけれどストレスもたまる。ミルカと付き合うようになって以来ずっと、子どもがほしかった。僕の人生は、新しい家族のおかげで完全に変わったよ。そのことが今はいちばんうれしいんだ」

フェデラー一家は全世界を共に飛び回り、大会がないときは、チューリッヒ湖近く、グリソンの山地とドバイにある家を行き来している。ドバイの海とマリーナを一望できる超高級アパートメントと、閑静な山地のなかにあるもう一軒の家はあまりに対照的だ。

「僕は素晴らしい人生を送れているけど、子どもにとって決して普通のことではないからね」

2019年のクリスマス直前に、フェデラーはドバイで受けたインタビューで答えている。

「できるだけ、子どもの環境は普通にしたいと思っているよ。たとえ、いつも寝るのがホテルの部屋であってもね。退屈してしまうのも普通なんだ、って言い聞かせているよ。おもしろい番組をいつも求めないようにね。2年前だったたか、上海で子どもたちと交わした会話を今もよく覚えているんだ。長い遠征期間で、シンシナティ、ニューヨーク（全米オープン）、シカゴのレーバーカップ、ドバイ、上海と回ってきて、子どもたちが少し興奮していたんだ。だから言って聞かせた、『いいかい、僕ら家族はこれから山に戻って落ち着くんだ。それが普通の暮らしだよ。世界中の大都市で見てきたものは、決して普通ではないんだ』と。僕の両親はずっと働いていたから、幼稚園や小学校の行き帰り、昼食もずっと友達の家族と一緒だった。普通って、かなり単調なんだ。今の我々は毎週違う生活になっていて楽しいけどね、でも難題でもある。とくに子どもたちにとってはね」

２０１９年全仏オープンで、フェデラーは初めて家族の帯同なしで現地入りした。準備期間が少なかったため、早期の敗退もありえるということで、それならわざわざパリまで乳母や個人教師も含めた一団を連れていくには及ばないという判断だった。選手生活も終盤に差しかかり、例えば秋のアジアツアーで上海などに行くときは家族抜きでひとりで行くことも増えた。つまるところ、家族の意向を最優先にして試合の出場や行くときの人数なども厳選するようになってきたということだ。２０１９年スイス・インドア・バーゼルのあとで、フェデラー自身がこう語っている。

「ツアーで妻と子どもたちが一緒にいてくれるというのが、僕にとってはものすごく大きいんだ。子どもたちとは、できるだけ長い時間を一緒に過ごしたい。子どもとずっと離れ離れというのはイヤだね」

最近は一カ所にできるだけ長く逗留《とうりゅう》して、家族が落ち着けるように配慮している。

「ミルカとはいつも、子どもたちがどうすればいちばん居心地よくいられるかを話し合っているんだ。子どもたちが安心すればするほど、僕も集中できるようになるからね」

フェデラーにとってお気に入りの大会のひとつが、カリフォルニア州インディアンウェルズで3月に行われる大会である。ここでは、ニューヨークのような喧騒に巻き込まれる心配がない。高齢の退職者向けにつくり上げたられた温暖な楽園は、子どもたちにとっても安らげる場所なのだ。時には、子どもたちが友達と一緒に道端でレモネードや超有名人である父親が試合で使ったボールを売って、売り上げを財団へ入れたりもしている。フェデラーがコートやマッサージ台の上にいないときは、大会中でも子どもたちと遊んだり、そういった慈善活動に参加したりする。息子たちがレゴを積み上げるのに付き合ったりするわけだが、そんなときでも試合のことが頭をよぎることもあるだろう。

「僕はいつも、ふたつの腕時計をつけて暮らしているような気がするよ」

そう答えたのは2019年夏のフィナンシャル・タイムズ紙に掲載されたインタビューで、その際に記者はプライベートジェットでチューリッヒから大会があったマドリードまで同乗を許された。

「自分用の時計と、家族用の時計という意味でね。家族用の時計はいつも頭のなかにあるよ。何時に子どもが寝て、何時に自分がテニスをして……。それで、試合開始の45分前にテレビ電話をするんだ」

娘のマイラとシャーリーンは2015年夏に入学する年齢になったが、父親が今も現役テニス選手として世界中を回っているため、教師がつねに同行して自宅学習をする体制になっている。子どもたちが将来、少なくともトライリンガルになることは確実だ。今でも英語とスイスドイツ語、そしてミルカの両親の母国語であるスロバキア語も多少は理解できる。２０１８年にインディアンウェルズでフェデラーが語っている。

「本当は普通の学校に行かせてやりたいと思うこともあるよ。けれども、テニスのおかげで普通ではできない経験ができて、世界中を旅して新しいものを見聞できるのも確かなんだ。そして、家族がずっと一緒にいられるという利点もあるからね」

彼自身、13歳か14歳の頃からずっと、国際大会に出場するため移動ばかりの人生を続けているのだ。

フェデラーによると、選手生活を終えたら子どもたちにはスイスの学校へ通学させる予定だという。おそらくは公立ではなく私立となるだろう。つまるところ、フェデラー一家はスポーツ一家なのだ。スキースクールに通い、グラウビュンデンの山地で開かれるマウンテンバイクの講習に参加して、そこでは個別ではなくほかの子どもたちと一緒に教わっている。決して著名な父親の子だからと特別扱いされることもない。実際、子どもたちもそういったところに行くと、ごく普通にほかの子どもたちと馴染んでいるという。両親もそんな子どもたちの姿勢を後押ししている。２０１７年のインディアンウェルズで、フェデラーは私の同僚でもあるレナ・ストーファーの取材にこう答えた。

「僕が子どもたちに伝えているのは、すべてのパパとママが偉大なのだということだよ。たまたま僕がよくテレビに映っているとか、ポスターで貼り出されているからといって、ほかの親御さんたちと違うわけではない。それに、僕が行く場所すべてにほかの有名人もいる。もちろん、僕がスイスで超有名人になっているのは間違いない。けれど、山のなかに行ったときとかはごく普通の人なんだよ。たくさんの人たちに囲まれたときには、子どもたちに言い聞かせるんだ。『いいかい、あの人たちはテニスファンで、テニスが好きだからパパのことをちょっと知っているだけなんだよ』とね。僕がどれほど全世界で有名人なのかは、まだ子どもたちには伝えていない。そんなこと、子どもたちに伝える必要はないんだ」

フェデラーは可能な限り、子どもたちを公衆の目から守ろうとしている。そこが、娘の名義でインスタグラムのアカウントを開設し、60万人のフォロワーに対して娘アレクシス・オリンピアの成長を公開するセリーナ・ウィリアムズとの決定的な違いだ。フェデラーの子どもたちが公の場に出てくることは非常に稀である。２０１７年ウィンブルドンでは、子どもたちが父親の試合を観戦して、優勝後の表彰式も見ていた。めったにない機会なので、それだけで注目を集めた。だが、フェデラー一家が休暇でどこかに行くときには、子どもたちが好奇の目にさらされて写真を撮られることを極端に嫌う。時には、フェデラー本人が撮影をやめてくれと直接言い渡すこともある。

「僕は、どんな相手にも敬意を払うことにしている。だから、子どもに対してもプライバシーを尊重してほしいんだ」

だが、ふた組の双子が一般大衆の関心を呼び、目の前にいれば、どうしても写真を撮りたくなる気持ちが湧いてくるというのも、彼が認めなければいけない真実の一端である。

娘ふたりは一卵性ということもあり、余所者にはなかなか区別がつかないが、息子ふたりは二卵性で明らかに容姿が違う。レオとレニーに比べ、マイラとシャーリーンは外見だけでなく性格もよく似ている、とフェデラーが語ったことがある。では、この子たちのスポーツにおける資質はどうなのか？　息子ふたりが生まれたあと、イギリスのブックメーカーが賭けを設定し、4人のうち1人でもウィンブルドンで優勝する可能性が100：1、4つのグランドスラムのうちひとつで4人の子どもの誰かが優勝する可能性が50：1のオッズとなった。スポーツの才能に関しては息子のほうが明らかに引き継いでいる、とフェデラー自身が2017年春のインタビューで答えたことがあった。早くからレオがレニーよりも強くスポーツに野心を見せており、バルベラでのスキー大会でも優勝の常連なのだという。だが、父親は子どもたちに重圧をかける気はまったくない。

「テニスをしたいなら、したいときにすればいい。僕ら夫婦が子どもたちをテニス教室に連れていって、子どもたちの気分が乗らないときは『今日は練習しなくていい。ノープロブレム』と言うよ」

だがフェデラーは、子どもたちが少なくとも趣味としてテニスをやってほしいという希望は隠そうとしない。そうすれば、いつか家族のなかでいろいろな組み合わせのダブルスを組んで楽しめるではないか。娘ふたりは、当初は大してテニスに興味を示さなかったようだが、最近はテニスの楽しみを体感しているようだ。そして、ピアノも楽しんで弾いているという。実はフェデラーも、かつては週に一度ピアノのレッスンを受けていた。もっとも、それほど上達はしなかった――彼にはサッカー場やテニスコートのほうが楽しかったようだ。

第9章 フェデラーとテニスの四季

メルボルン、パリ、ロンドン、ニューヨーク。四季をまたいで、テニスのシーズンがこれらの都市をめぐっていく。一年の初めの数カ月、まだスイスの山間が雪に包まれている頃に夏のメルボルンで大会が開かれ、自宅のリビングに夏の熱気をほんの少しもたらしてくれる。趣味でテニスを楽しんでいる人たちが靴下を土で赤く染める6月には、クレーキングがローラン・ギャロスで栄冠を手にしている。ウィンブルドンにおいては、天然芝のコートに白のユニフォームが映え、このスポーツの原点を思い出させてくれる。そして秋になると、ニューヨークのカクテル光線の下で、フランク・シナトラの歌に出てくるとおり「俺がここでモノになるなら、世界のどこへ行ってもモノになれる」と激闘が繰り広げられる。

4つのグランドスラムにはそれぞれの特徴があり、魅力がある。ロジャー・フェデラーは全豪オープンのことを「ハッピー・スラム」と呼ぶ。それは、現地の誰もがくつろいでいるからだ。パリが好むのは特徴のある選手で、純粋に勝者を称賛する。オールイングランド・クラブにはテニスの歴史が凝縮されている。そして、全米オープンが開催されるフラッシング・メドウズほど華やかで賑やかな大会はない。米国らしくスポーツがショーとして磨き抜かれ、映画スターや歌手たちが大会に顔を出しているところをスクリーンで抜かれたり、すぐ近くにあるラガーディア空港の離着陸の騒音がそのまま聞こえてきたりする。メルボルンはココナッツの日よけクリームの香りがただよい、パリはシャネルの5番の香りがする。ウィンブルドンは新鮮なイチゴと芝生の草の香りがして、ニューヨークはとにかく世界の中心としての威容を誇っている。

自宅ガレージでひたすら壁に向かってボールを打ち続けた幼いロジャーは、いつかウィンブルドンで優勝して、小さなパイナップルがついているトロフィーを掲げる夢を見ていた。もともとクレーコートが得意な選手として育ったが、憧れていた選手はウィンブルドンの天然芝で勝った男たちだった——最初にボリス・ベッカー、それからステファン・エドベリ、続いてピート・サンプラスだ。天然芝のコートは何か謎めいていて、この世のものではない感じがして、手が届かないように見えたという。

「僕が知っている天然芝は、自宅の庭とサッカー場だけだった。天然芝のコートは威厳があるように見えて、最高のテニス選手だけがプレーできる場所だと信じていたよ」

当時のスイスには、一般人が使える天然芝のテニスコートはひとつもなかった。彼が芝生の上で初めてプレーできたのはロンドンのクイーンズ・クラブ選手権で、１９９８年夏のこと、16歳まで待たなければならなかった。結局この大会は2回戦敗退で終わったが、すぐになじみがなかった芝生に慣れていった。元来の軽いフットワーク、攻撃的スタイル、そして深い位置からのバックハンド・スライドは、天然芝でこそ活きるものだったからだ。

初めての天然芝から数週間後、彼はウィンブルドンのジュニア大会に出場し、初戦の前はものすごく緊張して、ネットが高すぎるように感じられた。だが何も問題はなく、1セットも落とさないまま優勝を果たした。ただ、ATPツアー初参戦でワイルドカード出場枠が与えられていたグシュタードでの試合に出場するため、優勝祝賀ディナーに行くことはできなかった。

その後、ロンドンでの祝勝会に参加する機会は何度もやってきた。そして、ウィンブルドンほど彼のキャリアの転換点となった会場はほかにない。19歳のとき、4回戦でかつて憧れていたサンプラスを撃破し、これがふたりにとって唯一の公式戦での対戦となった。２００３年には初のグランドスラム優勝を飾り、２００９年には15回目のグランドスラム制覇を果たし、それまでのサンプラスの記録を破った。また、２００８年に永遠のライバルであるラファエル・ナダル、２０１９年にはノバク・ジョコビッチを相手に苦い敗北も喫した。そして、ここで8回優勝したこの男は、150年の歴史を有するこのコートの最多優勝記録を今も保持している。

だが、この大会におけるフェデラーの存在意義は、競技だけの枠をはるかに超えるほど大きいものだ。サンプラスは冷静沈着なプレーで人気を博したが、フェデラーは美しさや楽しそうにプレーするスタイルと優雅さが愛《め》でられている。伝統あるオールイングランド・クラブにおいて、古典的でありながらも最新の動きを持ち込む彼の姿は、まさに変化が早い現代社会のなかで伝統を失うことのないこの会場にぴったりと合っている。

「フェデラーの最大の功績とは、ウィンブルドンで8回優勝したことではない」

そう喝破《かっぱ》したのは、英国人のジャーナリストで彼の書籍を執筆しているマーク・ホジキンソンである。特筆すべきは、この男がお高くとまっている英国人たちの心を開き、少なくとも試合がある2、3時間は芝生の上を華麗に舞う姿に目をくぎづけにさせていることだという。フェデラーが8度目の優勝を果たしたのち、ホジキンソンはスイスのゾンターク・ツァイトゥング紙のコラムでこう書いた。

「確かに、1970年代にビヨン・ボルグは女子学生をとりこにしたが、現代のフェデラーのファン層の広さはまったくの別次元だ。ボルグを芝の上のロックスターと定義するなら、フェデラーは偶像、偉大な政治指導者、緑と紫に染まる世界の支配者《アルファメイル》だ。40代、50代、60

代、あるいはそれ以上の男たちをも魅了してしまっている。この男たちこそが先頭に立って、フェデラーに熱狂しているのだ」

ホジキンソンは、今まで英国人からこれほどまでに愛されたテニス選手がいただろうかと問いかける。衝撃的だったのは、2012年のウィンブルドン決勝でアンディ・マレーを下し、76年ぶりとなるはずだった母国選手の優勝を阻止した張本人にもかかわらず、誰一人として文句を言わなかったという事実だ。

ウィンブルドンの形式と伝統はフェデラーの体内に染みつき、かつてはテニスをしているだけで楽しかった少年がコート上の紳士になっている。紳士に期待されているとおりの隙がない言動を見せてくれる。ティム・フィリップス会長は2010年6月24日に、33年ぶりにエリザベス2世の臨席をたまわるクラブハウス昼食会で、女王の隣に誰を座らせるか、まったく迷う必要がなかった。もちろん、フェデラーに決まっている。そして、フェデラーは単に話していて楽しい相手であるだけでなく、中身と教養もある会話ができる相手であることが改めて浮き彫りになった。だが、とフィリップスが付け加えたのは、フェデラーが女王に対して敬意を払うのと同じように参列者全員に対しても接していたところにこそ、この男の人間性が現れていたということだった。

ウィンブルドンとフェデラーは、互いに存在価値を高める関係である。20年経った今も、この大会は初出場したときと同じ興奮と喜びをこの男にもたらしている。2018年の開会前に、まだ誰もいない会場を散策するという企画がインスタグラムでライブ配信されたが、まるでお菓子屋に入った子どものような無邪気なはしゃぎ方だった。かつてジョン・イスナーとニコラ・マユが11時間の激闘を繰り広げた18番コートを通りながら「今でも僕がいちばんお気に入りの試合だね」と語り、ヘンマン・ヒル（1番コート横の丘のこと）では満面の笑顔で「ティムはどこに隠れているんだ?」と聞いたのだ。

フェデラー自身の好きなグランドスラムを順番に言うと、全豪オープンが2番目になる。オーストラリアとの縁ができたのは早く、9歳のときテニスクラブ・オールドボーイズ・バーゼルでコーチのピーター・カーターとの出会いに始まる。カーターは祖国が生んだ偉大な選手、ロッド・レーバー、ロイ・エマーソン、ケン・ローズウォール、ジョン・ニューカムの系統に属していて、オーストラリア流のプレースタイルをこの少年に教え込んだ。その後、フェデラーはトニー・ローチをコーチとした（2005〜2007年）。つまり、オーストラリアはフェデラーの偉大なキャリアのなかで大きな役割を果たしており、彼のプレースタイルにはかつてのオーストラリア人の偉大な選手たちの影響が垣間見られるということだ。2016年にオーストラリアのマーケティング企業、ゲンバ・グループが行った市場調査によると、いかなる地元同胞の選手よりも、フェデラーのほうが人気が高いことが判明した。

フェデラーの人生を振り返ってみると、公私ともに人生を大きく変える重大局面がダウン・アンダー、つまり南半球のオーストラリアで訪れていることがわかる。ミルカ・ヴァヴリネックと初めてキスをしたのは、２０００年シドニー・オリンピックの最中だった。２００３年、メルボルンで開催されたデビスカップ準決勝で、２セットリードを奪っていたにもかかわらずレイトン・ヒューイットに痛恨の敗北を喫した。２００４年には、全豪オープンの準決勝でファン・カルロス・フェレーロを下し（その後もちろん優勝して）、初めてATP世界ランキング1位に到達した。２００６年の表彰式で、幼い頃に憧れていたロッド・レーバーと初対面し感極まって涙を流した。２０１０年には、父親になって初めてのグランドスラム優勝を果たし、２０１７年、同じ場所で奇跡的な大復活優勝を遂げた。

現時点で、全豪オープンで6回優勝を果たしているわけだが、自身のグランドスラム優勝回数のなかでは2番目ということになる。全体的にくつろいだ雰囲気、スポーツマンシップをたたえるオーストラリアの国民性が合っているのだろう。そして、最近はオーストラリアの国技とも言うべき競技にはまっている。クリケットだ。「僕にとっては、オーストラリアはもはや人生の一部だね」とは、本人談である。「だから、この国は2番目の家みたいに感じるよ」。実質、彼のひと目惚れだった。

》ティム・フィリップス会長は
昼食会でエリザベス女王の隣に
誰を座らせるか迷うことはなかった。
フェデラーに決まっている。

ニューヨークについては同じことは言えない。世界の中心であるビッグアップルは、当初、スイス山間部出身のこの男には大きすぎた。だから最初の5回は、ベスト16より先に進めなかった。だが、一度この狂騒の大都市で成果を出すと、もう誰にも止められなくなった。2004年から2008年まで5年連続優勝を果たしたのだ。これは1968年のオープン化以降、誰一人として達成していない偉業だ。

そして、優勝こそが米国人観衆の心をつかむいちばんの術だ。母国選手が勝てないという現実を悟り、彼らはフェデラーに目を向けた。「ニューヨーカーが愛するのは、誰であろうと何であろうと、とにかく世界一の存在なんだ」と語るのは、全米テニス協会（USTA）のディレクター、クリス・ウィドマイアーである。そして、と続けて語ったのは、フェデラーがゴルフのタイガー・ウッズとニューヨーク・ヤンキースのデレク・ジーターと並んで広告に出てきたとき、大部分の人はこのうちふたりが米国人で、もうひとりが欧州人であることすら忘れていたという事実だった。

第10章

フレッド・アステア対ランボー
――ナダルとのライバル関係

ライバル関係は、スポーツというケーキにおいて欠かせないデコレーションである。ライバルといえる存在があるからこそアスリートたちはさらに意欲を高め、限界を超えて特別な存在になることができるわけだ。ジョー・フレージャーがいなかったら、モハメド・アリはどうなっていたか。ビヨン・ボルグなしのジョン・マッケンローは？　アラン・プロスト抜きのアイルトン・セナは？　ベン・ジョンソンがいないカール・ルイスは？　クリス・エバートなしのマルチナ・ナブラチロワは？　ラリー・バードがいないマジック・ジョンソンは？　もちろん、ラファエル・ナダルを抜きにしてロジャー・フェデラーを語ることは不可能だ。逆に言えば、ナダルがいなければグランドスラムの30回優勝も可能だったかもしれない。グランドスラムの対戦で10回敗れ、うち２００６、２００７、２００８、２０１１年の全仏オープンと２００８年のウィンブルドン、２００９年の全豪オープンの６回が決勝戦だったのだから。

こういった負けがフェデラー本人やファンにとって苦痛なのは確かだが、ナダルという最高のライバルがいるのは幸せなことでもある。圧倒的な一強時代もあり、その頃は優勝が当たり前だったわけだが、そんな状態が続くと闘争心が薄れてくる。ナダルがいたからこそフェデラーがさらに強くなり、生まれ変わることができたという側面もあるのだ。

ボルグはマッケンローに敗れ、25歳で燃え尽きた。1981年に4度目となる全米オープン決勝で、3歳年下の米国人に敗れ、心が折れてしまった。フェデラーはナダルのせいでめげることはない。なかには、フェデラーの本当の偉大さとは、もっと多く負けるようになったらさらに明らかになると言う人さえいる。

数多くの偉大な記録を打ち立ててきたわけだが、実は違う種類の記録も残している。100年以上のテニスの歴史上、グランドスラム決勝でひとりの相手（ナダルのことだ）にいちばん多く負けたのがフェデラーなのだ。

このふたりのライバル関係がおもしろいのは、アスリートとしての競争に加えて、激突したときの熱闘ぶりである。言ってみれば、バレエダンサーとボクサーのぶつかり合い、天然芝の皇帝とクレーキングの対比、右打ち対左打ち、クラシック対最先端、ダンディ対海賊、メルセデス対キア（双方のスポンサー自動車企業のことだ）、冷静な中央ヨーロッパ人対熱い南ヨーロッパ人といった、数多くの側面で対照的だからだ。

なかには、芸術家の比喩を用いる人もいるかもしれない。フェデラーはピエール＝オーギュスト・ルノワールのような印象派的で、ナダルはワイルドなゴッホだ。それぞれに天性が備わっているのは間違いない。フェデラーは物静かな自信を見せ、感情はつねに制御されているが、ナダルはエネルギーと緊迫感、情熱をむき出しにする。

試合開始の2時間後、フェデラーのシャツはまだ乾いているように見えるが、ナダルのシャツはびしょぬれになっている。２００７年ウィンブルドン決勝で、フェデラーは辛くもナダルの猛攻をしのぎ切ってタイトル防衛を果たしたが、ロンドンのタイムズ紙はこの戦いを「フレッド・アステア対ランボー」と描写した。この比喩で、フェデラーが前者の伝説的タップダンサー側であることは言うまでもない。

また、ナイキは長年両者のスポンサーを務めていたが、広告戦略でもそれぞれに対してまったく別の方向性を打ち出している。ナダルがノースリーブのシャツで発達した上腕二頭筋を強調して海賊のイメージを打ち出す一方で、フェデラーはウィンブルドンに似合う白のジャケットと紳士用のハンドバッグまで出している。

フェデラー対ナダル、どちらがいいかという論争は、もう10年以上もテニス愛好家のあいだで繰り広げられている。両方とも尊敬できるが、どちらかひとりを選ばなければならないとしたら……。両方を応援するテニスファンに、あなたは会ったことがあるか……。

いずれにしても、フェデラーかナダルか、それは良心の問題なのだ。

このライバル関係が始まったのは、２００４年3月29日のマイアミだった。全豪オープンのあと初めて世界1位となり、フェデラーは一歩先を行っているように見えた。この年はすでに24戦中23勝していたのだが、まだ10代だったナダルと3回戦で対戦し、３−６、３−６と完敗した。１週間前にインディアンウェルズで強い日差しにあたって、多少体力が落ちていたようだった。マイアミでのこの敗北は、その後何年にもわたるナダルとの戦いの序曲でしかない。だが、優勢が確実視されていたにもかかわらず負けたフェデラーは、持ち味の攻撃的スタイルを出せなかったと認めるしかなかった。

「あいつはボールをフラットに強くはたたかない。思いきりスピンをかけていて、だからボールが余計に高く跳ねて、てこずったんだ。なんとか打ち返そうとしたけれど、簡単には対処できなかった」

ある記者が、「世界1位になったけどまだ22歳のきみにとって、負けた相手が5歳も年下というのは結構怖いんじゃないの?」と無遠慮に問いかけた。

ナダルが年齢の割に成熟していることは認めざるをえなかったが、かたやまだ失うものがない新参者で、もう片方にはまだ気概を見せる時間があった。

「あちらはテニスを楽しんでいるように見えたよ。今はまず楽しむべきだ。２年後、どれくらい強くなっているのか楽しみにしていよう」

残念ながらと言うべきか、フェデラーが予測していたより強くなってしまった。ナダルは右足首の故障により2004年全仏オープンを欠場したが、翌年19歳の誕生日の2日後に初のグランドスラム優勝をパリで達成し、その過程でフェデラーと準決勝で対戦して4セットの末に下していた。2006年から2008年にかけて、ふたりは13回決勝で対戦し、そのなかにはテニスの総本山、パリとウィンブルドンも含まれていた。ローラン・ギャロスにおいて、ナダルはクレーキングとしての本領を発揮し、2008年のオールイングランド・クラブでは、スイスの天然芝の貴公子のお株を奪って歴史を書き換えた。

当時、フェデラーは6年連続のウィンブルドン優勝を目指しており、実現すればビヨン・ボルグの記録（1976〜1980年）を破るはずだった。だが、1カ月前にナダルに惨敗していた（全仏の決勝で1－6、3－6、0－6）ことが傷になっていた。最初の2セットを落とし、第3セットの終わり近くに雨のため80分間試合が中断したが、これがフェデラーに幸いした。第3、4セットを取り返し、第5セットで好機が訪れた。だが、最後の最後にナダルの強い思いが勝ち、ブレークの末に7－8となった。もし7－7のままだったら、試合は月曜に再開されるはずだった。午後9時17分、フェデラーの最後のフォアハンドがネットに引っかかり、ナダルが喜びのあまり倒れ込んだ。

米国人記者のジョン・ヴェルトハイマーは、この試合だけで本一冊を書き上げ、2018年夏には映像化して2時間にわたるドキュメンタリーが放映された。あの決勝は、テニス史上最高の試合だったのか？　率直に言って、ふたりとも絶好調とはいえなかった。フェデラーも本調子には遠く、2セットを奪われて遅れをとったからこそ闘志が湧いてきたのだった。だが、試合のドラマ性という点では、4時間48分にわたる激闘は、間違いなくほかに例をみない名勝負だった。

フランスのリシャール・ガスケは、このふたりと何度となく試合する喜びを享受することができた。対フェデラーには2勝18敗で、対ナダルには0勝16敗だったが、ふたりのそれぞれの強さを語るうえでは最適任だろう。フェデラー、ナダルのライバル関係について論じたアルゼンチン人のテニス記者、セバスティアン・フェストの著作『The Lives and Careers of Two Tennis Legends（テニス界二巨頭の人生と選手生活）』でガスケの言葉が引用されている。

「このふたりは全然違う。フェデラーのボールは速く、呼吸の暇すら与えてくれず、地面から跳ねてすぐのボールをたたくから、そこでさらにボールの勢いがついて対戦相手を苦しめるわけだ。一方で、ナダルのボールは、とにかく重い。打ち返そうとすると、後ろに身体全体が押し出されるような感じがする。だから、リターンのためには重心を低くして、じっくりと対処するしかない。ああいうボールを打つ選手は、ほかにはいないね」

フェデラーもまた、ナダルの強烈なフォアハンドのストロークに苦しめられた。ボールに1秒あたり50～80回のスピンがかかっているのだ。これほどの長期間にわたって苦しめられている理由を理解するには、アキレウスの伝説を思い出せばよい。このギリシャ神話の英雄は、母親である海の女神テティスに冥府《めいふ》の川、ステュクス川につけられて不死身の存在となった。しかし、赤子を水につけたとき足の一部をつかんでいたため、1カ所だけ弱点が残ってしまった。それが、アキレス腱である。フェデラーのアキレス腱とは片手のバックハンドで、ナダルの左からのフォアハンドほどこの弱点を徹底的に咎《とが》めることができるものはなかったのだ。

フェデラーにとっては試練だったが、ナダルにとっては単純明快で、その旨を2011年に刊行した『ラファエル・ナダル自伝』（実業之日本社、2011年）で明記している。

「ロジャーのバックハンドに20回ボールを打たなければならないのなら、19回ではなく、20回打つ。（中略）プレッシャーをかけ、主導権を握るチャンスだと思っても、僕はバックハンドへ打ち続ける。ゲーム全体を考えれば、結局それが最良の方法だからだ。それがゲームプランだ。戦術と呼ぶほどのものではなく、極めて単純だ。（中略）ロジャーに対しては、バックハンドに打ち続けてプレッシャーをかけなければならない。首の高さまでラケットを上げないと取れないような高いボールを打ち、プレッシャーを与えて疲れさせなければならない。彼の試合運びや士気を乱せる瞬間を徹底的に探り、いらだたせ、絶望へ追い込む。ロジャーは大体いつも素晴らしいショットを打ってくるので、窮地に追い込むのは難しい。彼のウィナーを懸命に追って深く返し、たったの1ポイントを取るためにも、何度もウィナーを狙って打ち込まないといけないと感じさせるしかない」

その後も幾度となく、ナダルはこの作戦を愚直に続けてうまくいった。そしてスタンドにおいて、叔父でコーチのトニがこのショーを満喫していた。なんといっても、右打ちの多い競技で勝つために、右利きだった甥っ子を左打ちに仕込んだ当人だったからだ。ナダルはフェデラーを苛立たせた。２００９年全豪オープンの決勝で敗れ、長年王者に君臨していた男は試合後のスピーチで悔し涙を流し、スペインの征服者に慰められていた。

ナダルは、フェデラーにとって最大の難関であり続けた。２００５年頃から、すでにナダルへの対策も考えて左利きのコーチ、トニー・ローチを招聘していたが、この難解なパズルをやっと解くことができるようになったのは、彼の選手生活が実りの秋を迎えた頃だった。膝のケガのため２０１６年後半に長期休暇をとったのが幸いした。２０１７年に、ナダルに対して新機軸の戦略を打ち出した。バックハンドでさらに攻撃的となり、自身と対戦相手のあいだにある力学を逆転させたのだ。今までのようにスライスで返すのではなく、バックハンドから強烈なリターンを打ち返し、ラリーにおいては後退せずにベースライン近辺にとどまり、攻撃的な試合運びを続ける作戦をとった。

テニス分析の専門家、ハインツ・ギュンタードはこう説明する。

「この手法により、ナダルのスピンが弱まり、フェデラーはバックハンドのときに勢いを得ることができるようになった。だが、これを有効にするためにはタイミングがとにかく重要になる」

技術面でいえば、フェデラーは何も変えていなかったが、新しいメンタリティとより動く足を活かし、これまで弱点だったバックハンドを強みに変えてみせた。そして、2017年全豪オープン決勝で、ナダルとは12度目となるグランドスラムでの対戦だったわけだが、今までのキャリアで初めて半分以上のラリーをバックハンドで対応した。第5セットで、フェデラーは1－3から逆転して6－3で勝ったが、バックハンドだけで8本のウィナーを放った。突如、それまで確実に機能していたナダルのフェデラー対策が通用しなくなった。オーストラリア人のテニスアナリスト、クレイグ・オシャネシーが語る。

「かつては、対戦相手が狙えるフェデラー唯一の弱点がバックハンドだった。今やフェデラーに勝つにはどうすればいいか、誰にもわからなくなってしまった。まるで、フェデラーに2種類のフォアハンドが備わっているような状態だ」

戦術をほんの少し変えるだけで、ここまで大きく変わるものなのか！

フェデラーとナダルはともに大きなものを背負っており、長年にわたりテニス界の頂点を争い続けているわけだが、ふたりの個人的な関係は良好のようだ。フェデラーは早い時期から、若くてシャイで英語もおぼつかなかったナダルに声をかけていた。２００５年10月には、バーゼルでナダルが泊まるホテルを訪ね、大会前におしゃべりをしていた。ふたりとも負傷のためその大会は欠場したが、ナダルは大会ディレクターのロジャー・ブレンワルトに会うためだけにバーゼルまで足を運んでいた。お互いのケガのこと、シーズンのこと、これから数カ月間の予定などについて話したようだ。

たとえ20分間だけだったとはいえ、このようなくつろいだ会話などマッケンローとジミー・コナーズ、あるいはアンドレ・アガシとピート・サンプラスのあいだでは（どちらも同胞だが）絶対にありえなかった。そして、イワン・レンドルは誰からも好かれていなかった。コナーズのように、テニスを単なるゲーム以上の何かと捉える人物でさえ、フェデラーとナダルが親しくしている姿を見て理解に苦しみ首を振るのである。

ふたりが親しくしていられるのは、コート上ではまったく正反対の存在でありながら、人間としては多くの共通点があるからだろう。ふたりとも家庭的であり、よく似た価値観のもとで育ち、私生活においては安定と信頼を求める。ナダルはユースの頃からシスカ・

ペレリョひと筋で、今は結婚し、フェデラーもミルカと18年間、一緒に生活している。そして双方とも、両親が積極的にテニスを応援しているが、プロになってからはほかの専門家に任せるようになった。

このふたりが唯一衝突したのが2006年ローマのフォロ・イタリコで、決勝で5時間に及ぶ熱闘を繰り広げたわけだが、フェデラーが、ナダルがポイントとポイントのあいだで時間を使いすぎていると不満を述べたのだ。ナダルは気分を害し、不快感をあらわにした。だがその後、年月を経るうちに事態は沈静化し、いくら記者連中がたきつけても、確執が深まることはなかった。ふたりの互いに対する敬意が勝っているということだ。

選手会でも共に活動し、フェデラー会長のもとでナダル副会長という時期も長く続いた。ナダルは過密な大会日程の改革のために十分な努力をしなかったとフェデラーを非難して、2012年に辞任した。それでも2019年には、ノバク・ジョコビッチが選手会長に就任すると、再びこのふたりが副会長として加わって補佐することになった。

フェデラーとナダルのふたりにあるつながりは、さらに強くなっているようだ。とくに2010年には、アフリカのための慈善試合をチューリッヒで共同主催した。それも、こんな会話から実現したようだ。

フェデラー「……それでラファ、クリスマスには何をプレゼントしてくれるんだい？」
ナダル「そうだな、スイスに行って、きみの財団がやる慈善試合に出るよ」
フェデラー「いいね、ありがとう！」
ナダル「で、俺には何をくれるんだい？」
フェデラー「その試合で1セットを提供する、そんなのでどうだ？」
ナダル「うれしいね」
フェデラー「それはよかった！」
ナダル「ではまた、チューリッヒで会おう」

ふたりの会話は、フェデラーがいつも大爆笑していて、ナダルもつられて笑っている。このハレンシュタディオン・チューリッヒで行われた試合は大盛況で、次の日には、今度はマドリードでナダルの財団が主催する試合をしていた。ふたりは、協力すればするほど大きな貢献ができるという思いに至ったようだ。

そして2016年に、フェデラーはマジョルカで開かれたナダルのテニスアカデミー開校式に参加し、さらに宣伝効果を高めた。また、2017年9月のレーバーカップで初めて同じチームになり、ダブルスを組んだときは感動的ですらあった。フェデラーが欧州代表としてシングルスで決勝ポイントを決めたとき、真っ先に喜んで飛びついたのがナダルだった。

レーバーカップのあと、フェデラーはナダルとの関係について次のように語った。

「我々はコート上で苦しい戦いを続けているけれども、お互いへの敬意を忘れたことは一度もない。コート内外で友情を育んで、いろいろな思い出をつくってきたからね。年齢を重ねるにつれ、僕のキャリアのなかでラファがどれほど大切な人物なのかを痛感するようになった。間違いなく永遠のライバルだよ。僕をいちばん上達させてくれて、よりよい選手にしてくれた男だね。もし、ラファがいなかったら、僕はここまで勝てなかったかもしれない。ラファの存在そのものが、モチベーションだからね」

もしも、マジョルカの怪力男が現れてフェデラーをズタズタに切り裂くことがなければ、確かにグランドスラム30回制覇を達成できたかもしれないが、逆にもっと早く引退していた可能性が高いだろう。つまるところ、簡単に手に入るものにはありがたみを感じないということだ。懸命に戦い続けるからこそ、さらに高みにたどり着けるということなのだ。

第11章 現代の古典

元プロテニス選手のクリストフ・フライスにとって、自分へのご褒美はロジャー・フェデラーの試合だった。一瞬も見逃したくない、一セットも気を抜けないくらいに集中している。

「あれほど完成された姿を見届けられるのがうれしいんだ」

そう、64歳になった初老フランス人は語る。

「私は相当な労力をつぎ込んだからね。ロジャーは、テニスが持つ素晴らしさすべてを兼ね備えている。そして、それがすべて自然に見えるんだ」

フライスは、将来性を見込まれていたバーゼル郊外出身の少年がエクブレンスのナショナルトレーニングプログラムへ入学したときに、スイス代表のコーチを務めていた。入学テストのなかにはテストマッチ1試合も含まれていたのだが、フライスはすぐさまこの少年に「天性の光るものがあり、欠点なく基礎的なテクニックが備わっている」と見抜いたことをバスラー・ツァイトゥング紙の取材で語っている。これだけでは、将来あらゆる記録を塗り替える男のようには見えない。だが、まだ10代の少年の長短を事細かくさらしても役に立たないだろう。

フライスはまた、フェデラーのフォアハンドが14歳の時点でどれほど素晴らしかったかを改めて称賛した。

「ショットに対する準備が万端だった。ポジショニングから打つ直前に構える感覚、そこから手首を利かせてボールに速度を加えるところまで完成していた。あの手首がとくによかった！　手首がとくに優れていたから、ボールにスピードを加えることも、最後の最後にスピンをかけて打つ方向を変えるのも自由自在だった」

フォアハンドに関してコーチができることは、そのままいじらずに、スイングの流れを変える恐れがあることは一切しないということだった。唯一フェデラーに指導したのは、コントロールを高めるためにフォロースルーを長めにとることだけだった。

フェデラーのフォアハンドは、今に至るもまずミスが起きない。技術的にも完璧で孤高の位置に達している、とフライスも追認する。フェデラーの王冠を飾る宝石のようなものだ。米国人作家デビッド・フォスター・ウォレスはこのフォアハンドを「液状のムチ」と評した。また、米国人テニスアナリストでオンラインのテニスマガジン「テニスプレーヤー・

ネット」の主宰者でもあるジョン・ヤンデルは、フェデラーのフォアハンドを何時間もかけてビデオで解析し、体重移動、グリップ、手首の使い方やスイングで分けていくと26種類のストロークがあるのだという。豊富なバリエーションのおかげで、フェデラーはコートのどこからでもウィナーを放てるのだ。グリップとスイングについていうと、彼のフォアハンドは比較的保守的なもので、趣味でテニスをやっている人にも勧められるものだ。ただ、精度が違うからフェデラーだけは特別な地位にいられるのだ。

だが、14歳の少年のそれ以外のストロークについては、フライスは多少手を加えて口を出した。とくに弱点だったのが、トップスピンのバックハンドだった。

「見たところ、やること自体を怖がっているようだったね。ボールのコントロールがうまくいかなくて、それまで十分練習していなかったということもあるのだろうが、とにかく打つことを避けようとしていたね」

当然、修正すべき点はたくさんあった。打つ前の準備、体重移動、足と肩の位置関係などもそうだ。要は「ゼロから組み立て直す必要があった」ということだ。フライスがとくに気付いたのは、バックハンドのスライスの際にフェデラーが頭を後ろに引いてボールに当てようとしていることだった。無意識のうちに、嫌悪感が出ていたということだろう。フライスは、フェデラーのバックハンドを片手から両手打ちに変えることは考えなかったのか?

「いや、それは一切考えなかった。いいところもあるわけで、バックハンドでも打てる好感触はあった。そこに左手を加えてしまったら、試合全体がボロボロになってしまう」

フェデラー自身も一度はバックハンドを両手打ちに変えることを考えていた。十分な力をボールに伝えきれない傾向があったからだ。12歳のとき、フランスで行われたジュニア大会で両手打ちを試してみた。「だけど、全然ダメだった。胸や手首にまで痛みが出てしまって、片手のほうがいいと感じたんだ」と、本人が当時を振り返っている。練習中に何度かお遊び程度に両手打ちバックハンドを試したこともあった。その映像も残っていて、それほど悪いものには見えないが、何か違和感はある。まるで誰かがフェデラーの仮面を被ってプレーしているように見えるのだ。

世間では、フェデラーがバックハンドを片手打ちにすべきか両手打ちにすべきかの議論が起こっても、どのみち変えるのは手遅れだという結論になる。フェデラーの片手バックハンドの弱点を突くことでラファエル・ナダルの右に出る者はいないわけだが、確かにあのとき両手で打てば弱点を補い、安定させることができる可能性はあった。アンドレ・アガシ、ジム・クーリエ、モニカ・セレシュやマリア・シャラポワなどを育て上げた米国の伝説的コーチ、ニック・ボロテリーは、実際両手打ちならフェデラーはもっと完成された選手になっただろうと推測するひとりだ。「火星から来た、もはや誰にも止められない男になれた可能性がある」

だが、ハインツ・ギュンタードはテレビ中継で数えきれないほど実況してきたが、この見方には強く異を唱えている。

「フェデラーの走り回るスタイルは、片手バックハンドがあるから実現するのだ。バックハンドのコーナーによく最後の長い一歩を踏み出すのだけれど、そのおかげで両手打ちの選手には届かないところでもボールを拾うことができるんだ」

しかも、片手打ちバックハンドはボレーとスライスの際にグリップを変える必要がないから有利になる。ギュンタードの結論は次のとおりだ。

「片手のバックハンドには利点も不利な点もある。だが、フェデラーには片手が合っている」

そして、いつも弱点を徹底的に突いてくるナダルのおかげもあり、フェデラーのトップスピンが利いたバックハンドは選手生活のなかで著しい向上を見せた。

フェデラーはいい生徒だったが、手こずらせるところもあった、とフライスがエクブレンスでの日々を振り返って語る。

「よかったところは、教えたことをすぐに実践できたところだ。学習意欲は信じられないくらい高かった。悪いところは、思いどおりにいかないとすぐに短気を起こすことだったね。短気で、すぐにキレて、よくイライラしていたね。あのままの性格が続けば、ちょっときつい時期が来るかなとは思っていた。そこさえ解決できれば、どこまでも限界なく上に行けると思ったよ」

だが、フェデラーが短気を抑えられるようになってくると、また別の問題が浮き彫りになった。ポイントを稼げる方法論が豊富にあるので困惑してしまって、どのショットを使えばいいのか迷ってしまうのだ。そして、ボールの移動があまりにも素早いため、ほんのコンマ何秒かのためらいでポイントを失ってしまうのもテニスの特質なのだ。２００４年ウィンブルドン決勝のあと、フェデラーはこの問題点をオブザーバーのインタビューで吐露している。

「僕にショットの種類が多すぎるのが、ひとつの問題なんだ。緩いボールが来るとする。そのときに『どのショットで攻めようか?』と考えてしまうわけだ。もし選択肢が狭ければ、話はシンプルになる。各場面で使えるショット１種類をそのまま出せばいい。でも僕の場合は選択肢が多すぎて、そのなかでいちばん正しいと思えるショットと戦術をその都度選ばなければならない。プロに転向してツアーに参加し始めた頃、何か特別なものをいつも見せびらかさなければならないという強迫観念に駆られていたんだ」

ジュニア時代に宿敵だったレイトン・ヒューイットは、ショットの選択肢が少ないにもかかわらず、20歳で全米オープンを制し、２００1年には世界1位になっていた。この頃のフェデラーはまだ模索の時期が続いていた。

今日に至っても、ほとんどのテニスファンはフェデラーが本能に頼ってプレーしていると思い込んでいる。だが、テニスの戦略アナリストで２０１8年と２０１9年にノバク・ジョコビッチのグランドスラム4回の優勝に大きく貢献したクレイグ・オシャネシーは、この見方を断固否定する。

「ロジャーはつねにリスクを計算している。ここでこれを出すべきか、出さないべきか？ここは自分が行きたいパターンでそのまま行くべきか、何かサプライズを持ち込むべきか？30－0でリードしているときは、対戦相手の強み側にむしろ攻め込んでいくんだ。そんなこと対戦相手は予測もしていない。だから目の前のポイントを失ったとしても、頭脳戦ではロジャーが勝っているんだよ」

そして、オシャネシーはこうも断言する。

「私が戦略アナリストになったのは、ひたすらロジャーを見続けたからだ」

例えば、このオーストラリア人アナリストはスコアの状況に応じたポイントの取り方を分析した。まず、第一のパターンと第二のパターンを区別する。第一のパターンとは、その選手がいちばんの強みとしている武器にあたる。フェデラーでいえば、外方向のサービスが強く、それにフォアハンドショットが続く。あるいはフォアハンドで対戦相手のバックハンドを狙うのも強い。こういうパターンは何年にもわたり効力を発揮し続けている。第二のパターンとは、選手が別のバリエーションを持ち込み対戦相手を驚かせようとするときに使うものだ。いつも同じことを続けていれば相手に読まれてしまうのは当然だ。だから、いくつかのパターンを混ぜ合わせることが推奨される。そして、このアナリストはフェデラーのサービスを例にあげた。

「ロジャーは、サービスを両サイドに幅広く散らすことを好む。そうすれば、自分のフォアハンド側にボールが戻ってくる可能性が高くなる。だが、30－0になるとサービスをコート中央部に集めるんだ。すると、次のサービスゲームの最初のサービスで、対戦相手は考えるわけだ。『あいつは前のサービスゲームで中央に打っていたな。とすれば、今度はどうするんだ？』と。ロジャーは戦略的に対戦相手を困惑させているのだよ」

フェデラーのサービスは、彼のプレーのなかで最も過小評価されている部分だ、とオシャネシーは言う。おそらくは、ビッグサーバーのような目に見える強烈さがないからだろう。だが、アナリストの目にはまったく別の光景が映る。

「ロジャーこそ、テニス史上有数の偉大なサーバーだよ。だって、読めないのだから。そして正確に打てる。力を落とさないまま、強烈な球をどこからでもどこへでも打てるんだ。対戦相手の予測を読むのがうまいんだ。とくに、サービスとその次のフォアハンドの組み合わせが素晴らしい。そして、サービスとボレーを組み合わせるのも得意だ」

つまるところ、フェデラーは稼いだエースの数が飛び抜けている。2017年ウィンブルドンで、ついに彼は1万本を達成した。これは、ゴラン・イワニセビッチと211㎝の怪物、イボ・カルロビッチに次ぐ3番目だった。「サービスのモーションは、僕の身体にすごくなじんでいるんだよね」とは、フェデラー本人の言である。

「たとえ朝3時にたたき起こされた直後でも、きちんとしたウォーミングアップをしたあとと同じようなサービスが打てるよ」

サービスの一連の動きが滑らかなのは、今まで肩のケガをしたことがないのが大きい。

また、フェデラーがプロツアーで自身の地位を固めていくなかで、かつて憧れていたピート・サンプラス、ステファン・エドベリ、ボリス・ベッカーなど、ネット際に活路を見いだしていった先達の道を研究した。2001年ウィンブルドンの4回戦でサンプラスに勝ったとき、ほとんどサーブ&ボレーに徹し、ずっとネット前に張りついていた。そして全盛期には、ベースライン付近で試合を展開していたが、コートの後ろでの優位性を失ってきた頃、再び攻撃的なテニスに転身していったのだ。

　幅広いレパートリーがあるからこそ、新時代の試合に対応できるのだ。ヒューイットが引退してもう長い時が経つが、フェデラーは今もグランドスラム優勝を続けている。選手生活の秋に入り、実は全盛期よりもさらに強くなっているような感すらある。元コーチのポール・アナコーンが、まさにそう考えるひとりだ。そして、フェデラー自身は現代テニスにおいてすら、古典的なサーブ＆ボレーとネットプレーで結果を出せると信じている。フライスが語る。

「ロジャーのボレーは昔からずっとよかったよ。ただ、最近はラリーを短くする必要が出てきているから、昔よりさらに多く使っている感があるね」

　ギュンタードに言わせると、フェデラーこそテニス愛好家たちを勇気づけているという。

「あなたにもちょっと違うプレーができるようになるという〝生きた証拠〟だよ。ロジャーは本質的に古典的な選手なんだ。つくり上げたスタイルよりも、実際に活用する技術のほうが大事なのだと教えてくれる。今の時代でも、スライスを使って成功できると証明してくれた。もちろん、ボールを正確な場所にきちんとスリップさせながら打ち返さなければならないけどね。そして、今の時代でもサーブ＆ボレーで勝てると証明してくれた。だから、テニスはおもしろいんだよ。秘密に満ちあふれていて、地図にすべてが書かれているわけではないからね」

オシャネシーは、フェデラーを永遠のオールラウンダーと評し、たとえ木製ラケットの時代でも活躍できた選手だと言う。テニスのアナリストにとって、彼は理想のモデルだ。

「ほとんどの選手は、きちんとロジャーのことを研究しきれていないと思う。なぜ、この男だけは別格なのか？　なぜ、この男は大きな試合で勝てるのか？　なぜ、ずっと第一線に居続けられるのか？　彼は一発屋ではない。もっと研究しないと！　真似しないと！　私はロジャーのパターンをずっと真似しているよ。ロジャーこそ見習うべき存在だ。これだけコート全体を使った試合をしているわけだからね。使わない場所というのが一切ない。我々の競技において、あれほど手本となる存在はいない。どのようにプレーするのか、どうすればあのように成功できるのか。そして、いまだに進化を続けている。そこにはなんの疑問もないね」

イワン・レンドルが言っていた。「フェデラーは、俺が一瞬もショットを見逃したくない唯一の選手だ。それも、練習のときからだ」と。

第12章 各国記者の万華鏡

「今週はどうだった？」
──ドリス・ヘンケル（ハンブルク）

スイスの雇用主は、私に上海マスターズカップ初出場の男へ自己紹介するよう促した。あれは2002年のことで、ロジャーがまだ21歳でそれほど実績も残していない時期のことだった。むろん、それまでにも幾度となく記者会見で姿は目撃していた。もちろん、テニスのことを頭では理解していたつもりだ。そして、あなたのことを記事に書きます、とロジャーに伝えた。あれから15年、ドイツテニスの絶頂はとうに過ぎたわけだけれども、国境の向こうにまだ喜びがある。上海で初めて自己紹介したときのやり取りは短かったが、友好的に握手を交わした。

「こんにちは、ロジャー。私はバスラー・ツァイトゥングで記事を書いています」

「ああ、素晴らしい。会えてうれしいよ」

1年後、ヒューストンでのマスターズカップで優勝し、その後、スイスラウンドで祝勝会をしているときに、ロジャーはシャンパンを注いでくれた。ささやかでシンプルな会だった。

時にはウエストサイド・テニスクラブのジムで座り込み、時には大会中に選手センターで話すこともあり、今までの勝利について雄弁に語ってくれた。そのあと、ロジャーは必ず聞いてくる。「それで、きみはこの一週間楽しかった？　仕事はうまくいってるかい？」とね。ごくごく当たり前のやり取りに聞こえるかもしれない。確かにそのとおりだが、この稼業においては決して普通のことではないのだ。

お互いに観光旅行でそこに来ているわけではなく、またジムでばったり顔を合わせたり、祝勝会で会ったりすることもある。場のホストとして、彼は自らドアを開けて選手ラウンジに入ってきて、同業者たちがもう出ていった空間に入り、また会話に応じる。

私はいつも思うのだ。本当にこの男は、いつも誰に対しても同じように接しているのか？接触を恐れたり、距離を保ったりすることはないのか？　私自身がドイツ人ということもあり、それがなかなか信じられないのだ。例えば、ボリス・ベッカーと2時間、1対1でくつろいで語り合い、バーでビールやワインを傾けながら話したのに、次の日に顔を合わせるとまったく会ったことすらないような態度をとられることもあった。シュテファニー・グラフの場合、記者連中という生き物は一切信用するなという父親の教えを忠実に守り、心を開いてくれるようになったのは選手生活の最晩年だけだった。ミヒャエル・シュティヒの気分はいつどう変わるかまったく予測がつかず、こんなことなら家に引きこもっておいたほうがよかったと思わされることが何度もあった。

フェデラーの祝勝会や自宅訪問は、これだけの成功が重なったため昔ほどはなくなり、いくつかの例外的な機会だけとなってしまった。見ている限り、ロジャーは我々の仕事を理解して、つねに気遣ってくれているようだ。同じような質問に5回も答えなければいけないのは誰にとっても苦痛だが、それでも彼はイヤな顔をせずにこなし続けている。つまり、我々との関係は決して一方通行ではないということだ。

今でも覚えているのは、マイアミでの小さな会合のことだ。そこで私はアンジェリク・ケルバーのことをいろいろと聞いたのだ。すると、あちらはもうお腹いっぱいといった表情で「ごめん、今は答えられない」と言った。ところが次の日、定例会見が終わり部屋を出る直前に私のほうへ振り返って言ったのだ。「……ところでさ、昨日きみが聞いてきたケルバーのことをあれからずっと考えていたんだ。で、思ったことをこれから答えるよ」

もう選手生活も最終盤を迎え、これまでの記者会見やインタビューで聞かれなかった質問はまずないだろう。もちろん、私はフェデラーが若くて軽やかに動いていた日々、そして20年間にわたり、いろいろな言葉を紡いでその美しさを伝えようとしてきたことを忘れていない。だが、この20年間を振り返っていちばんロジャー・フェデラーという人物について尊敬と愛情を抱くのはこういうことなのだ。２０１８年シカゴ開催のレーバーカップの際に、分厚い鉄のドアを私がなかから引っ張ったとき、彼がちょうど外から押したので私の顔にたたきつけられかけたことがあったが、それでも我々のつながりが切れることはなかった。

＊ドリス・ヘンケルはハンブルク在住で、１９８５年以来、ドイツ、オーストリア、スイスの新聞・雑誌にテニス関連の記事を寄稿し、数冊の著書がある。２０２０年の全豪オープンで彼女が観戦するグランドスラムは１１４回目となった。　Twitter: @henner37

「フェデラーはいつも助けてくれる」
――サイモン・キャンバース（ロンドン）

今となっては、ロジャー・フェデラーと初めて直接会ったのがいつだったかは思い出せないが、おそらくは2001年のウィンブルドン4回戦でピート・サンプラスに勝ったあの年のはずだ。我々が目撃しているのは何か特別な男だとは直感していたが、どれほど特別なのかはまだわかっていなかった。おそらく誰もがそうだったと思う。

私がはっきりと覚えているのは、フェデラーと初めて1対1でインタビューする機会を与えられたときのことだ。あれは2007年全米オープンの開幕直前のことで、ニューヨークにあるナイキタウンのビルの最上階だった。当時、フェデラーは複数のマネジメント会社といろいろあって、夫人のミルカがビジネス関連の面倒を見ていた時期だった。我々ふたりが話している後ろでミルカがメールの返答などをしていて、本人がインタビューに集中できるようにしてくれていた。

ちょうど世界1位に君臨して、これからすべての記録を塗り替えようとしている男と向かい合えるのは素晴らしい経験で、しかも彼はまだ私のことなどほとんど知らないのに、私が聞き出そうとしていることに本気で関心を持っているのだろうと思わせることができる稀有《けう》な能力を備えていた。

当時、フェデラーはラファエル・ナダルの台頭に手を焼き、さらに若いノバク・ジョコビッチにモントリオールでの決勝で敗れた直後だったが、同じことが全米オープンで起きるといった心配はしていないようだった。「ここだけの話なんだけれど」と、あちらから切り出した。「ノバクのことはそれほど気にならないんだ」。おそらくあの月に限ってはという話だったと思うし、実際のところ彼と私だけという話でもなかったと思う。言うまでもなく、ジョコビッチはその後の数年で途方もない飛躍を遂げた。

フリーランスライターというものは、つねに毎回のインタビューで違う角度から物事を捉え、どの媒体にどの話題が合うのかを考えなければならない。フェデラーは早くからそのことを悟り、ライターの立場を理解してくれていた。

あるとき、私はロイターのためにインタビューを行ったわけだが、ちょうど英国ナンバーワンの選手だったティム・ヘンマンが引退を発表したところだった。そこでインタビューの最後に、私はヘンマンと友人でもあるフェデラーに、引退発表のあと、本人と直接話したかを聞いてみた。すると彼はじっと私の目を見つめ、この質問をさらに膨らませて、英国で刊行される新聞に使えるようにイギリス人読者が喜ぶ内容を話してくれた。ヘンマンにメールを送り、引退試合の前にはぜひ一緒に練習しようと伝えたという話をしてくれたのだ。

フェデラーのテニスがインタビュー以上に素晴らしいことは、今さら言うまでもあるまい。２００４年から２００８年まではまさに一強時代で、ローラン・ギャロス以外では負ける気配すらなく、あまりにも簡単に勝ちすぎているように見えて退屈に感じられることすらあった。だが、実際はそんなことはなかった。彼のプレースタイルは39歳になる今も滑らかで、ほかの選手がやろうとすらしないことまで軽々とやってのけている。コート外でも、何千もの記者会見やインタビューをこなし、それも3つの違う言語で受け、コートのなかでは少しお行儀が悪いキレた場面を見せたこともある。

ロジャー・フェデラーは本物のグローバルな偶像であり、影響力はスポーツの枠をはるかに超え、慈善活動にも熱心だ。それでいて会場ですれ違う人全員に挨拶することを欠かさない。当たり前のことのようで、同じようにできる人はそうそういるものではない。あれだけの実績を残してきた男がこのように地に足がついたままというのは、それだけで特筆すべき話だと私は思う。

昔、一度だが、ロジャー・フェデラーがそんなにいい人だと言うなら何か欠点はないのか書いてくれ、と依頼を受けたことがあった。これは難しかった。むろん、彼だって完璧ではないし、くだらないことを口にすることもあるが、本気であの男をこき下ろすことはできなかった。

一記者として私が言えるのは、何かいいネタがほしかったらフェデラーのところに行けということだ。善意をもって迎えてくれる。いつか引退するときが必ず来るが、コート内外のすべてから惜しまれるに違いない。まだ世間の人は、本当の意味でのロジャー・フェデラーの偉大さを完全に理解していないように思うのだ。

＊サイモン・キャンバースは、ほぼ25年間、テニスを追い続けている。ブルームバーグ・ニュースでキャリアを始め、その後全世界の数多くの媒体で寄稿してきた。そのなかにはガーディアン紙、ロイター、ＥＳＰＮ、ニューヨーク・タイムズ紙も含まれている。また経験豊富なテレビキャスター、ラジオコメンテーターでもある。
Twitter: @scambers73

「半分はオーストラリア人だね」
――ダレン・ウォルトン（メルボルン）

オーストラリアにおいてはクリケットが国技で、国民みんながこの競技を通じて希望とインスピレーションを得ていて（サー・ドナルド・ブラッドマンの尽力が大きい）、それは１９３０年代の世界大恐慌の最中も変わらなかった。クリケットとは、突き詰めるとフェアプレーと名誉を重んじる言行の象徴でもある。「これはクリケットではありえない」という古い言い回しは、契約を破る者に対して使う最大限の侮辱である。つまり、コート内外で同じ精神を体現する、勝っても負けても態度が同じロジャー・フェデラーを、２０１０年から

2012年の世論調査で3年連続して「世界でいちばん好きなスポーツ選手」としてあげたのは驚きでもなんでもない。

オーストラリア人がスポーツ全体、といってもほとんどがクリケットだが、テニスやオージー・フットボール、ラグビー、水泳、サーフィン、そのほか諸々の野外活動に熱狂するのは驚くことではない。だが、フェデラーがグレン・マクグラス、バディ・フランクリン、サッカー元代表のティム・ケーヒルと同列に語られ続けているというのは、やはりただ事ではない。

なぜ、そのようなことがありえるのか？

まず大前提として、オーストラリア人は勝者を好み、そして勝者が謙虚なら、なおいい。2006年の全豪オープンで優勝し、憧れのロッド・レーバーから優勝トロフィーを受け取りながら感極まって涙を流す姿を見て、私たちはフェデラーの華麗なショットやコート内の優雅さを目撃したとき以上に感動した。彼の優雅さと古典的なスタイルを見て、オーストラリア人は1950年代から1960年代にかけてレーバー（その前ならルー・ホード、その後ならジョン・ニューカムだ）がつくり上げた栄光の時代を懐古できるのだ。

だがそのように見えるのも、かつてのコーチがオーストラリア人のピーター・カーターだったりトニー・ローチだったりしたことから考えると、オーストラリア的にプレーして振る舞うのは偶然ではないだろう。

「あの人たちには大きな影響を受けた。労働倫理、歴史への敬意、オーストラリアテニス史への敬意がそうだし、そういった諸々を受け取った僕がオーストラリアが生んだ偉大な選手たちをずっと見てきたのだから、オーストラリア的でも当然だろう」

フェデラー自身が私に語ってくれた言葉たちだ。ほかにもある。

「レーバー、ローズウォール、ニューカム、ほかにもたくさんいた。パット・ラフター、レイトン・ヒューイット、セッジマン、ルー・ホード、エマーソン、おそらくいつもどおり何人か忘れている可能性が高いが、とにかく僕はあらゆる世代で出てきたヒーローたちを尊敬しているし、パットとレイトンがずっと活躍してくれているのは本当にうれしい」

「僕もオーストラリア出身の選手たちといい試合をしてきたし、オーストラリアという国と人そのものに近しさを感じるよ」

「オーストラリア人から、旅できることは特権であると教わった。世界各地の遠征は義務ではないんだ。この考え方は、僕のＤＮＡに染みついている。もはや考え込む必要すらない。自分自身のやる気を無理に高める必要もない。これが僕の人生だし、思いきり楽しんでいるよ」

また、フェデラーは13歳のときに父親が製薬会社の転勤でオーストラリアに引っ越す可能性があった話をしてくれた（結局、父親はオーストラリアには行かないと家族に告げたわけだ）。

「あれは大きな問題だったんだよ。僕は『行こうよ、オーストラリアに住もうよ』と言ったんだけど、父はこう答えた。『ここに多くの友人がいて、ルーツもここにあるし、我々は行くべきではない』とね。父がそう言い渡したとき僕は泣いたんだ。『イヤだ、そんなの信じられない』ってね」

だからフェデラー一家は、代わりに休暇でオーストラリアのグレートバリアリーフに行ったわけだ。そして、まだ若かったロジャーは視野が広がり、喜んだ。

もう20年以上になるが、このオーストラリアとフェデラーの両思いは変わらない。単にフェデラーがコート上で素晴らしいとか、コアラと一緒にポーズをとって写真を撮るからではない。「クリケットの精神」を体現しており、メルボルン・パークで勝つたびにかつての偉大なオーストラリア人選手たちの影を再現しているからだ。

フェデラーの母方、つまり南アフリカ人の祖父ジェイコブス・アルベルトゥス・デュランはノーザン・トランスバール・クリケットクラブの理事だったのだが、そのことを男子テニス史上最高の選手に聞いてみると、信じられないといった様子で首を振りつつ笑い出した。

「まさか！　僕もそんなこと知らなかったよ。今度調べてみるよ、おじいちゃんをググってね」

こういうちょっと抜けた側面もさらしてくれるから、誰もがロジャー・フェデラーを愛するのだろう。オーストラリアだけでなく、全世界で愛される理由がそこにあると思う。

＊ダレン・ウォルトンは20年以上にわたり、オーストラリア・アソシエイテッド・プレスでテニス担当チーフとして勤務している。フェデラーとは２０００年シドニー・オリンピックの際に初取材して以来で、無数のグランドスラム制覇の瞬間を目撃している。　Twitter: @DarrenWalton369

フェデラーが私にくれた誕生日プレゼント
――ヴァンサン・コニェ（パリ）

巧みさと圧倒的な才能に、これまでの驚異的な成功、格調の高さ、目標へのマネジメント力も組み合わさって、ロジャー・フェデラーは生きた神、もはや言葉では表しきれないほどの高みに上り詰めているわけだが、それでも彼はごく普通の若い男だ。レキップ紙の看板のおかげで日常的に接触できた身として、世界最高の位置に上り詰める前から見てきた私が言うのだから間違いない。

そんな私にも、フランス人だからこそ言えることがある。ロジャーはフランス語がうまいというだけでなく、毎回新しい言葉を試そうとするのだ。好奇心旺盛に、新しいフランス語の単語を使っては、それがどれくらい有効か試している。一度、全豪オープンで、誰かが〝rôti〟という単語を教えたことがあった。実際には「揚げた」という意味だが、比喩的に「疲れた」とか「バテバテ」といった意味で使う単語だ。そして、教えたあとの初めてのラジオインタビューで、どれくらいその言葉が通じるのかと、さっそく試していた。

ここから言えることとは何か。フェデラーは、とにかくすべてを楽しもうとしているということだ。それは、たとえジャーナリストが相手のときでもだ。

私の仕事の一部として、ロジャーとは定期的にいろいろな場所で顔を合わせるわけだが、彼の対戦相手への態度と開けっぴろげなところがよくわかる逸話をいくつか紹介したい。

ひとつは2010年の話で、ポルトガルのリスボン近郊、エストリルで行われたクレー大会のことだった。ローラン・ギャロスを控えていて、30分間の独占インタビューが予定されていた。そして偶然にも、その日は私の誕生日でもあった。ロジャーはそれを耳にすると、私にプレゼントをくれたのだ、インタビュー時間の15分間延長の。「それでもいいかい?」と聞いてきたが、もちろん大歓迎だった。言うまでもなく、ロジャーにはそんなことをする義務など、どこにもなかったのだ。

その前年、私はもうひとつロジャーに関して特別な経験をさせてもらっていた。ローラン・ギャロス優勝の翌日、パリ中心部にあるホテルで定例記者会見があったのだが、その後1対1の取材がいくつも予定されていた。我々レキップ紙は、その日の最後になっていた。だが、予定時間がずれ込んだため、結局、我々のインタビューは撮影のため凱旋門へ向かう車のなかでということになってしまった。本当にそんなことでいいのだろうか、と少しパニックに陥った私をフェデラーは逆になだめてくれた。

「なに、きみたちは最大手のレキップじゃないか。車のなかで話してはダメかな？」

そして、しぶしぶ地下の駐車場へ向かうエレベーターのなかで、まずあちらが先手を打ってきた。

「それで、レキップではローラン・ギャロスで何ページを予定しているんだい？　一面の見出しになるのはわかっているよ。『ザ・マエストロ』だろ？　でも、まだ目を通す時間はなかったんだ」

それには明確な理由があった。優勝のあと、明け方の5時まで寝ることができなかったのだ。パリの路上で、15分間にわたりフェデラーは自身のことを語り続けた。目的地に到着したとき、私は録音機を止めた。

「これで十分、とれたかい？」

「ええ、期待以上でした」

フェデラーは4度にわたり、我々の新聞で最優秀スポーツマンに選出されている。2005年、2006年、2007年、2017年（ラファエル・ナダルと同率1位）だ。これは、フェデラーにとっても意義のあることだろう。

長年にわたり、相互の敬意とある種の親しみがレキップ紙の記者一同とロジャー・フェデラーのあいだにはあると思う。真剣に取材するからといって、くつろいで楽しいおしゃべりがなくなるわけではない。この業界においていかにこれが稀少なことか、20本のアンダーラインを引いて強調しても足りないくらいだ。

*ヴァンサン・コニエはフランスのスポーツ新聞レキップにて、30年にわたりテニス報道に携わっている。

ロジャーは幸運にも、フランス人ではない
——セバスティアン・フェスト（ブエノスアイレス）

ラファエル・ナダルの祖国、スペインにおいてロジャー・フェデラーはどのように捉え

られているか。スペイン人は愛しているのか？　尊敬しているのか？　それとも無視しているのか？　嫌っているのか？　その諸々が少しずつ混じっていると思うのだが、私はスペインにおいて本気でフェデラーの悪口を誰かが言っているのを一度も聞いたことがない。もちろん、対ナダル戦の戦績が決してよくないからということはあるだろう。もし戦績が逆であれば、話がまったく変わっていた可能性はある。

そして思わず笑ってしまいそうになるが、フェデラーのスペインにおける立ち位置を語るうえで無視できない要素があることを話そう。幸いにも、彼はフランス人ではないということだ。もしアルプス山脈の西側で生まれていたら、多くのスペイン人が憎んで悪口を言ったかもしれない。スペインは政治的にも社会的にも複雑な問題を抱えているが、そこには単純明快なひとつの真実もある。スペイン人同士で延々と議論を続けていて、そのなかには何百万という人々が自身をスペイン人と考えておらず、独立を求めている。だが、フランスを前にすると、彼らは一致団結する。国民全員が北の隣人を警戒しているのだ。たとえフェデラーがフランス人だったとしても、この態度を変えることはできないだろう。

ここでは、もう少しスペイン人がフェデラーのことをどう考えているかを深掘りしてみよう。フェデラーはテニスでの功績よりも、スイス人だから誰からも尊敬されているという人がいる。誤解しないでいただきたいのは、彼の試合運びは認められているものの、スペイン人にとっては、スイスは今もチョコレート、銀行、腕時計、雪の国なのだ。まるでスイス製腕時計のように正確なテニスができて、しかもチョコレートのように楽しめて、雪と同じくらいエキサイティングで、銀行と同じくらい成功しているというすべての要素を備えているテニス選手の存在が、スペイン人にとっては驚愕の事実なのだ（なにもスペイン人だけの話ではないのだが）。そして、この感動はすでにフェデラーが20年間スポットライトのなかに居続ける今もまったく変わらない。

スペインはこれまで偉大なテニス選手を生み出してきた。マノロ・サンタナからアランチャ・サンチェス・ビカリオまで数多くの選手がいる。だが、例えばアルゼンチンほどテニスのことを大きく報道する国でもない。スペインテニスの隆盛はラファエル・ナダルによるところが大きく、彼がいなければ今ほど注目されることはなかっただろう。ナダルへの情熱のほうがテニスという競技より大きい国において、フェデラー（多くのスペイン人は巻き舌で〝レ〟にアクセントをつけてフェデレルと呼ぶわけだが）が爆発的人気を呼ぶことはない。

長年にわたり、私は無数のテニス関係者にふたりのライバル関係をひと言で表すとどうなるか聞いてきた。クリス・エバートは、フェデラーが「アーティスト」でナダルが「戦士」と評した。ノバク・ジョコビッチは三語を使った。フェデラーは「責任感が強く、闘争心があり、本物のプロフェッショナル」で、ナダルは「情熱的で、熱い血をたぎらせていて、かつ節度がある」。トマーシュ・ベルディヒは、ためらうことなく言い古された言葉を使い回した。フェデラーが「天才」で、ナダルは「闘牛」だと。

昼と夜が誰の目にも違うように、少しでもスイスの歴史を知っている人から見ればフェデラーは「スイス人」そのもので、ナダルもまた「スペイン人」そのものなのだが、そこには彼の祖国にはあまり見られないプロシア的な資質、例えば規律とか自己批判の姿勢などがある。ナダルはいつも自分で責めを負い、ほかの誰かをくさすことがない。これがフェデラーとの関係性を物語っていると思う。スイスのことを時として悪く言う叔父のトニと違い、ナダルは（２０１２年１月にオーストラリアでツアーに関する考え方の相違から公然と批判したのを除き）フェデラーを悪く言ったことがない。ふたりはお互いに敬意を抱いている点で結びついており、おそらくスポーツの歴史上これほど美しいライバル関係はほかにない。そしてお互いに敬意を抱いているのだから、そこにネガティブな感情や敵意は入り込む余地がない。

＊セバスティアン・フェストはドイツ系アルゼンチン人のジャーナリストで、スペインの新聞エル・ムンドの南米特派員で、インフォベ紙（アルゼンチン）のコラムニストでもある。以前はスペイン語版ＤＰＡのスポーツ部長、アルゼンチンの新聞ラ・ナシオンの運動部長を歴任し、国際テニス記者協会の共同会長も務めていた。著書『Sin Red』はスペイン語と英語で刊行され、フェデラーとナダルのライバル関係について考察している。
Twitter: @sebastianfest

第13章

蝶のように舞う
――唯一孤高のアスリート、フェデラー

そろそろ、ロジャー・フェデラーに関する最大の誤解を解いておこう。それは、抜群の天性が備わっているフェデラーだからこそ、あれだけの成功も容易に得られるものだったという誤解だ。本人が簡単そうにやってのけているから、そういう考え方が広まってしまうのもわからないではない。さらには、大会中にいかにもくつろいで練習しているように見える一方で、ラファエル・ナダルはオフの日もコートで猛練習していて、なんとかフェデラーとのあいだに残る差を埋めようとする姿が見られるから、この誤解は一層強調される。

だが、フェデラーの質量ともに圧倒的な練習は、人の目に触れない扉の向こうでずっと行われている。オーストリア人のドミニク・ティエムを一流選手に育て上げたギュンター・ブレスニクが、こんな逸話を披露してくれた。

「フェデラーがどれほどの努力をしているのか、私はよく知っている。10代の頃から知っ

ているからね。２００９年全仏オープンに向けて、ステファン・コウベックと一緒に練習していた姿も見ている。コウベックは、ツアープロのなかでもいちばん鍛え上げている選手として知られていた。だけど、２日間練習したあとに言っていたよ。『ギュンター、もうあの練習にはついていけない。練習も体力強化もどちらもだ。両方なんて絶対無理だ』とね」

ナダルさえフェデラーの手のひらで踊らされ、大衆に広がる誤解に一役買っているように見える。『ラファエル・ナダル自伝』（実業之日本社、２０１１年）のなかでこう書いていた。

「僕もトップレベルで戦い続けられるかどうか真剣に危ぶむ時期があった。いつもだいたい痛みに耐えながらプレーしているが、トップのスポーツ選手たちはみんなそうだと思う。しかし、ロジャーだけは別だ。僕はテニスで繰り返し筋肉にかかるストレスに耐えられるよう、身体を追い込み、鍛えあげてこなければならなかった。けれど、ロジャーはまるでテニスをするために生まれてきたみたいだ。彼の肉体やＤＮＡは完璧にテニスに合っていて、他のみんなが避けられない怪我とは無縁のようだ。ロジャーは僕ほどハードな練習はしていないと聞く。本当かどうかは分からないが、そう思える」

おそらくナダルは、フェデラーと対戦するモチベーションを高めるためにあえてそういう考え方をしたのだろう。あるいは、選手としての図抜けぶりがあまりにも極端だから普段の努力を過小評価した、という可能性もある。

しかし、フェデラーのフィットネスコーチを務めるピエール・パガニーニはその俗説を強く否定する。フェデラーがウィンブルドンで優勝し、世界1位に返り咲いた2012年のシーズン後、ニューヨーク・タイムズ紙の取材でその点について説明した。圧倒的な筋肉量を誇るナダルや足の動きが素早いノバク・ジョコビッチのように、目に見える特徴がないからといってフェデラーが肉体を軽視しているわけではない。それは、まったくの正反対だという。むしろ、現状維持を図るためには、ほかの選手よりもさらに過酷な肉体強化を図らなければならないのだと強く主張した。

「ロジャーのプレーは幅広い。だから、フットワークも数多くの種類をそろえなければならない。つまり、さらなる練習量が必要になるということなんだ。例えば、英語とフランス語を話せる人と、英語、ロシア語、日本語、スペイン語、中国語を話せる人がいるとする。私から見ると、ロジャーは明らかに後者に属する。コートのなかで複数言語を使いこなすような創造性があり、かつスピードやコーディネーションでも複数言語を用いているようなものなんだ。より難しいのは、2カ国語を話すのと、7カ国語を話すのとどちらか。証明しなければならないことが多いのは、7カ国語を話す側に決まっている。才能があったとしても、それ以上に努力を続けなければならない。それがロジャーの日常なんだ。

もし普段の生活が嫌いだったら、あんなつらいことをずっと続けられるはずがないよ」

パガニーニの存在はフェデラーにとっても幸運と言うべきもので、単なるフィットネスコーチだけでなく、友人でもあり父親的なアドバイザーでもある。フェデラーがパガニーニ抜きで何か重要な決定を行うことはありえない。

初めて出会ったのはフェデラーがまだ13歳、1995年にエクブレンスのスイステニス・トレーニングプログラム入学試験に合格したときのことだった。3日間のテストで12分間走、フィットネスコース、ショットの実践とテストマッチ、数々の分野でトップになり、16人の志願者で合格した4人のうちのひとりだった。フィットネス担当かつ総務ディレクターだったパガニーニは、フェデラーのために最適のホストファミリーとしてクリスティネッツ一家を選んで手配した。この一家がいなければ、最初の数カ月間はひどいホームシックにさいなまれ、ほとんど言葉もわからず、早々にフランス語圏で道を見失い、バーゼル郊外出身の少年はテニスを諦めていただろう。

全国大会で試合するようになると、フェデラーは肉体的な弱点を元来の天性で補おうとした。単調な繰り返し練習に喜びを感じない性格だったので、パガニーニはなんとか継続させようと体力トレーニングの内容を実戦に近づけるようにした。やたらに大きな上腕二頭筋をつくり上げるとか、100mダッシュのタイムを短縮するといったことは重視しない。あくまで「コート上でどう役に立つか?」を意識したトレーニングに絞った。

そして3年計画を立て、一人前のプロ選手の肉体を獲得していった。17歳の時点で、フェデラーは30mの短距離走では地元の有力選手についていけるレベルになり、12分間走では3300mを走れ、スクワットも150kgに到達した。つまり、パガニーニは瞬発力、スタミナ、筋力を鍛え上げさせたということだ。この上達を喜び、フェデラーはパガニーニを正式にパーソナル・フィットネスコーチとして雇い入れた。毎年だいたい140日を共に過ごし、そのほかの70日間を同じく彼を信頼するスタン・ワウリンカと過ごすようになっている。

そうして肉体強化を最優先に考えるようになり、だからこそ、テニス界では引退しているはずの年齢をはるかに過ぎてもまだ頂点にいられるのだ。毎年、彼はシーズンのなかで3つか4つのブロックをつくって肉体強化を図っている。理想としては全豪オープンを終えた直後の2月、クレーコート・シーズンが始まる前、全米オープンが終わった9月か10月、シーズンオフになる12月である。この毎回3週間から5週間にわたる集中トレーニング時期に加え、一年間ずっと続くトレーニングもある。ケガ予防のための過酷なエクササイズ、ウォームアップ、フィットネストレーニング、テニス練習、それにマッサージも加えると、朝7時30分から始めても夜6時か7時を軽く回る。フェデラーはそういう練習風景の写真をツイッターやインスタグラム、スナップチャットなどで公表することはないため、大会と大会のあいだの自由時間には家族とビーチでくつろいでいるか、アルプス山脈でハイキングでもしているのかと勘違いする人も多いが、言うまでもなく事実とは大きく異なる。

フェデラーとナダルに関して、ひとつおもしろい事実がある。歴史上最も成功したこの二大巨頭だが、どちらも体格的には公称で身長185㎝、体重85kgで同じなのだ。にもかかわらず、体型から受ける印象はまったく違う。スペイン人のほうはボディビルダーのような腕を備えており、フェデラーの上半身はそれと比べると華奢《きゃしゃ》に見えるくらいだ。下半身は強靭だが、こちらも特段太いわけではない。パガニーニは重量上げのようなトレーニングはほとんど入れておらず、大きな筋肉はむしろ邪魔になるという考え方だ。ハインツ・ギュンタードもフェデラーの肉体に注目している。

「フェデラーの筋力と体重は完璧なあんばいになっているね。フェデラーより俊敏な選手はいる。でも、彼はきちんと次の動きを予測するから、素早く対応して身体のバランスを維持できる。その結果、ボールのコントロールがよくなり、身体をギリギリいっぱいまで伸ばしてやっと届いたボールでも正確に打ち返せるんだ」

フェデラーの足さばきがどれほど卓越したものかを知るには、とにかく次の試合をじっくり見ればよい。一度、あなたの目でボールではなく彼の足だけを追ってみてほしい。そうすればいかに足の動きが軽く、素早く方向転換して、ほんの小さなステップだけでボールに対して最適のポジションをとっているのかがわかるはずだ。以下は、テニスアナリストのクレイグ・オシャネシーの言葉だ。

「皆さんは、フェデラーがどれほどコート上で舞っているのかを忘れている。足首の可動域、膝の柔らかさ、おしりの動きとかね。フェデラーは最小限に身体を痛めつけずに動き、ケガをしないようにしながらコート全体をカバーしている。こればかりは、どうすれば人に教え込めるのかわからない。あの男こそ、最高レベルでテニスをプレーしながら最小限のエネルギー消費でコート全体に移動範囲を広げて、ショットの際には最高の力を発揮できる達人だ。これが長寿のカギだね」

やはり、モハメド・アリのあの名言を思い出すしかない。

「蝶のように舞い、蜂のように刺す」

フェデラーはコート全体を蝶のように舞い、まさにフォアハンドでとどめを刺すのだ。

かつてはコート上でいつもキレていて、現在は穏やかなテレビコメンテーターとして知られるジョン・マッケンローは、フェデラーを「テニス版バリシニコフ」と評している。ソ連が生んだバレエダンサーのミハイル・バリシニコフは、同世代でいちばん優雅とされたダンサーだった。その後北米に移住し、振付師として人気を博し、映画『セックス・アンド・ザ・シティ』でゲスト出演も果たした。

フェデラーをバレエダンサーに例えるのは、パガニーニも好むところで、実際そのとおりとうなずけるものである。軽快なフットワークとバランス感覚を見れば、誰しも感銘を受けるだろう。いや、あまりにも自然に見えるため、そこに目がいかないかもしれない。フェデラーのフットワークに目がいくのは、ある意味うまく試合運びができていないときだけかもしれない。コンマ何秒単位でボールへの対応が遅れたとき、あるいはバランスを崩したときにこそ脚使いの巧みさが浮き彫りになるからだ。そして、突如、魔法の杖を忘れた魔法使いのような状態になるわけだ。フェデラー自身も明言している。

「僕が今もこのレベルで戦えているのは、フィットネスに力を入れているからだよ。フィジカルが整っていなければ、こんなことは不可能だよ。突如、今までなら届かなかったボールに手が届くようになる。そして僕の天性、ハンドアイコーディネーション、技術がそこに加わって、今までできなかったプレーもできるようになる。するとまた、テニスが楽しくなるんだ。そうして、僕はまた全速力で走るようになる」

このフィットネスの基盤となるものは、パガニーニと共に行う体力トレーニング期につくり上げられる。よって、２００８年に初めての危機が襲ってきたのは決して偶然ではない。前年の12月に発症した単核症のせいで、予定どおりの練習ができなかったからだ。そして83試合をこなした2012年には、さらに10日間の南米エキシビジョンツアーを敢行してサンパウロ、ブエノスアイレス、ボゴタをめぐったわけだが、そのツケがきっちりと回ってきた。翌年、背中に痛みが再発し、いつもの輝きを失った。ほかのすべての選手と同じく、自身の身体のバランスを保てるのは当たり前のことではなかったのだ。

ナダルが自伝で「ライバルは怪我とは無縁だ」と書いているが、それは事実とはまったくかけ離れていた。長年大きなケガをせず慢性の背中の痛みを抑えられたのは、一貫したトレーニングと計画性の賜物だったのだ。身体の発する声に耳を傾けるという姿勢のおかげで、今まで1500試合で途中棄権なしという偉業を成し遂げることができた。この驚異的な記録は、2020年全豪オープンの準決勝でジョコビッチと対戦したときに途切れそうになった。誰の目にも明らかな内転筋痛を抱えていたためで、それでも最後まで戦い抜いた。

だが、このように一貫して続けてきた肉体強化と回復を図る賢い手法は、犠牲を伴うこともある。2016年のウィンブルドンのあと、左膝の半月板手術からの回復が思わしくなく、ほかの部分にも張りが出たため5カ月間の休養をとらざるをえなかった。そのために2016年リオ・オリンピックを棒に振ることになった。それでも翌年の初頭にはすでに復活を果たしている。また2020年の春には、今度は右膝が悲鳴を上げて2度の手術が必要となったが、コロナウィルスの影響でプロツアーそのものが数カ月中断となった。

パガニーニはフェデラーのなかに、要求や期待をはるかに超える素質を見いだしたと言えよう。ニューヨーク・タイムズ紙の取材に応じ、このフィットネスコーチはこう語った。

「2000年からフルタイムで共同作業するようになり、私はいろいろと複雑な課題を出してきたが、あいつは全部完璧にやり遂げた。毎回、最後には私が意図していたことを自分の言葉で説明するんだ。あれには感銘を受けたね。アスリートとしてどうすべきか、なぜこの課題をやり遂げるべきかをすべて理解していたということなんだ。それぞれの課題を内面と外面の両方で把握していたね。ロジャーは、よくいるただ惰性で課題をこなす男ではない。自分自身で新たに課題を見つけて、乗り越える男なんだ」

フェデラー側から新しいバリエーションやエクササイズを提案してくることは、決して珍しいことではない。若い頃はただテニスができればよかったが、年を重ねるにつれて自身が求める美しいテニスの実現に向けた問題意識を持って、さらに積極的に練習へ取り組むようになった、とパガニーニが証言する。また、2016年11月にチューリッヒの新聞、ターゲス・アンツァイガーの取材に応え、フェデラーが復活に向けてどのように努力を続けていたか、舞台裏の練習姿をほんの少しだけ見せてくれた。

「私がうれしかったのは、ロジャーが今でもほんの少しの進歩に喜びを表すことだった。あそこまで深くテニスを愛している男が何カ月も大会に出られないのに、それでも練習場に来ると笑顔を見せるわけで、あれは単なる情熱の域を超えているね。あんな男はなかなかいるものではない。誰にも借りなんかないのに、まるで全世界に何か恩返しをしなければといった勢いで毎日努力していたよ。本当に真剣で、緊迫感もあって、それでいて朗らかさは失っていなかった」

パガニーニがフェデラーのツアーに同行するのはごく稀で、仕事は遠征の前にいつも行われる。ツアー中にケアにあたるのは、専任フィジオセラピストのダニエル・トロクスラーだ。フェデラーとの出会いは早く、2000年シドニー・オリンピックでトロクスラーがスイス代表に帯同していたのがきっかけだった。もともとは陸上選手で、その後、スイス人マラソンランナーのビクトル・ロスリンの専属となり、ロスリン引退後は、2014年からフェデラーのチームに加わっている。

「魔法の手を持っているんだ」

フェデラーは彼のことをそう絶賛する。だが、トロクスラーはボールの扱いに関してはうまくないようで、フェデラーはふざけて何度も練習中にトロクスラーをボール遊びに引き込もうとする。

フェデラーはもともと、さまざまなスポーツをたしなんできた。テニスに次いでサッカー、ハンドボール、バスケットボール、卓球も経験した。とくにお気に入りだったのがサッカーで、FCコンコーディア・バーゼルに所属して、当然のようにストライカーを務めていたが、12歳のとき、練習量が多くなりすぎたためひとつの競技を選ぶ必要に迫られた。そこでいちばんいい結果が出ていたテニスを選んだわけだ。

だが、パガニーニは彼のボール扱いというか、コーディネーションのスキルがあればサッカーでも十分大成できただろうと確信している。あれだけ多才なのだから、陸上短距離でも、バレーボールでもスキーでもいけただろうと、フィットネスコーチとして実感している。いや、やり投げでもいけたかもしれない。

この男がテニスを選んでくれて、本当によかった。

第14章
モーツァルトとメタリカ
――非凡な天才

偉大な文学は、時代を超えて生き延びる。そんな一例が、米国人作家デビッド・フォスター・ウォレスにより2006年夏に書かれたエッセイ「Roger Federer as Religious Experience（宗教的経験としてのロジャー・フェデラー）」である。テニス界においてはその後もさまざまな出来事があったが、このエッセイはほかに比するものがなく、時代が変わっても的外れになった内容はひとつもない。フォスター・ウォレスは自身が優秀なジュニア選手だったこともあり、それまでにも何作かこの競技に関する著書を出しているが、ニューヨーク・タイムズ紙からフェデラーに関する記事を依頼され、特派員としてウィンブルドンに派遣された。発表されたのが8月後半のことで、全米オープン開幕の直前だった。

文学界の巨匠であるフォスター・ウォレスは、1千ページにわたる大作『Infinite Jest（無数の戯れ）』を著し、あらゆる種類の中毒を取り上げた本作は、米国文学史の金字塔として刻み込まれている。1996年に発表した小説で、テニスが主題として取り上げられており、ボストンにある架空のエンフィールド・テニスアカデミーを舞台としていた。フォスター・ウォレスは同小説のなかで、登場するコーチにこんなセリフを言わせている。

「本当の対戦相手、乗り越えるべき障壁は、選手であるきみ自身なのだよ。コート内にいつもいる唯一の敵で、戦う相手はひとりだけなのだ。ネットの向こうにもうひとり少年がいるだろう。あれはきみの敵ではない。むしろ、ダンスパートナーに近い存在だ。本当のきみ自身に会わせてくれる存在と言っていい。そしてきみもまた、対戦相手に本当の彼自身に会わせてあげる媒介だよ。テニスに秘められた無限の魅力とは、自己研鑽《けんさん》だ。きみ自身の限界に挑戦して、さらに上へ行く想像力と実践を果たすのだ」

さらに、このコーチはこうたたみかける。

「きみは自分自身の限界を打ち負かすために、この試合に臨むわけだ。その過程は悲劇的であり、悲しくもあり、混乱もあり、また愛しさもある。人間世界において、すべての命は同等だ。思い込みの限界はつねに自分自身のなかにあり、その限界は何度でも乗り越えて、殺し弔《とむら》うべきものなのだ」

テニスとは人生の縮図である――それを描き出したのが彼の作品である。

こういった経緯を考えると、フォスター・ウォレスがフェデラーを題材とし、しかもテニスのエデンの園、ウィンブルドンに行けば、途方もない傑作が生まれるだろうというのは想像に難くない。そして、この期待は裏切られることがなかった。フォスター・ウォレスは「フェデラー・モーメント」という言葉をつくり出した。

「このスイスの若者がプレーしている姿を見て、文字どおり驚愕して叫び声を上げて、隣の部屋にいる家人が何か大ごとが起きたのかと心配してやってくるという経験があるはずだ。そして、テニスのプレー経験がある人なら、この男がやっていることの不可能性がわかるから、なおのこと驚いて大きな声を上げる。その〝瞬間〟のことだ」

フォスター・ウォレスは2005年全米オープン決勝の対アンドレ・アガシ戦のラリーを例にあげる。フェデラーが、バレリーナが踊るように後ろへ下がりつつバックハンド・コーナーのギリギリからウィナーとなるダウンザラインを放ち、とどめを刺した場面だ。このラリーは11秒間にわたるもので、ほかに例のない緊迫感あふれるものだったが、この作家の目をとくに引いたのは身体全体の使い方だった。この試合こそテレビで観戦していたが、その後に初めて生観戦したとき、フォスター・ウォレスはさらに強い感銘を受けたという。その理由は、本人の言葉をそのまま引用しよう。

「テレビで見るテニスと会場で生観戦するテニスは、アダルトビデオを見るのと実生活のセックスと同じくらい大きな隔たりがあるからだ。（中略）もしあなたがテレビでのみテニスの試合を見ているなら、プロ選手たちがどれほど強くボールをたたいているか、ボールがどれほど高速で動いているか、選手に考えるために与えられる時間がどれほど短いか、どれほど選手が迅速に動き回ったうえで回復を図っているか、何ひとつわかっていないということになる。そして、ロジャー・フェデラーほど俊敏で、なんの苦もなく動き回っているように見える選手はほかにはいない」

ただし、会場よりもテレビで見るほうがわかりやすいことがひとつあり、それはフェデラーの知性である。さまざまな角度のカメラがあるおかげで、確かめることができるからだ。

「フェデラーは、ほかの選手たちがやろうとすらしない新しい角度でボールを打ち返すことができる。テレビカメラの視点であれば、こういった〝フェデラー・モーメント〟を再確認しやすいということだ」

2006年にオールイングランド・クラブまでフォスター・ウォレスを乗せていった報道陣用バスの運転手は、フェデラーを生で見ることは「ほとんど宗教的な奇跡を体験するようなものだ」と請け合ってくれたという。このときの言葉が、例のエッセイの題になっているわけだ。フェデラーの卓越している点はふたつある、とフォスター・ウォレスは書いている。技術面（これはジャーナリスト一同がよく触れる点だ）と、謎めいた神秘的で理解しにくい側面だ。作家として、後者を深く掘り下げることを選んだ。

「ロジャー・フェデラーが持つ神秘的な力とは、アスリートとして超自然的な力を発揮し、物理の法則さえも無視したような動きをすることが、ままあるということだ。似たような事例でいうと、マイケル・ジョーダンがそうだ。人間とは思えないほどの高さまで跳躍できるだけでなく、重力の法則からは考えられないほど長時間滞空できる。あるいは、リングというキャンバス上で蝶のように舞い、普通のボクサーが1発ジャブを出す短時間に2、3発繰り出すモハメド・アリのようなものだ。1960年以来、似たような事例がほかにも5、6件あった気がするが、フェデラーはまさにそんなひとりだ。人々が天才、あるいは突然変異とかアバターと呼んだ類だ。あの男がバランスを崩したり、慌てたりする場面を見たことがない。彼の目から見ると、これから打とうとするボールが本来より少し長く止まって見えるのではないか。動きはアスリートというより、しなやかさのほうが印象に残る。アリ、ジョーダン、マラドーナ、グレツキーと同じく、フェデラーは対戦相手よりも存在感が大きく、同時に現実的ではない。とくにそう感じさせられるのが、全員が白いユニフォームを義務づけられるウィンブルドンで、彼はまさに『筋肉の塊なのに、動きが軽やかな生き物』としての本当の存在感を発揮する。頭のなかで、イエスの姿をつくり上げたときのようなイメージがそこに浮かんでくる。これが、私の言う〝宗教的経験としてのロジャー・フェデラー〟なのである」

フォスター・ウォレスはオールイングランド・クラブで、フェデラーと20分間の1対1のインタビューに臨んでいる。著者としてはフェデラー本人の回答がどうこうというより、人間としてどのような人物かということに関心があった。フェデラーがやたらと「You know」とか「maybe」を多用するところを見て、そういえばフェデラーがまだ信じられないほど若い年齢であることを思い出したという。そして、フェデラーの手が「少し震えていた」という。フェデラーから受けた印象について脚注で触れているが、「ロジャー・フェデラーは本当にいいヤツか、報道陣対応に長けたヤツのどちらかだと思うが、（ほぼ確実に）その両方だろう」と結んでいる。

しかし、フォスター・ウォレスの心をつかんだのは、人間ではなく、ひとりのテニス選手だった。美の追求がプロスポーツの目標ではないにせよ、フェデラーこそ、そこに美が生まれる可能性があるという彼の理論を具現する存在だった。そして、ベースライン近辺で展開するパワーテニス全盛のこの時代において、フェデラーが時計の針を巻き戻し、ジョン・マッケンロー以来の優雅なテニスを復活させてくれたことにフォスター・ウォレスは感謝しているのだ。

この細かい描写を見ると、著者がどれほどテニスを深く愛して、理解しているかがよくわかる。グラファイト製ラケットが普及したことで、安定したグラウンドストロークと重いトップスピンが武器となり、そこにアスリートの自己節制が加わることにより、テニスが単調になってしまったと読み解いている。そこで取り上げるのが、不器用かつ容赦ないほどパワフルな現代テニスの申し子、イワン・レンドルで、ラケットの進化によって選手の複製がしやすくなったということだ。だが、フェデラーのおかげで、とフォスター・ウォレスは続け、我々はこれでテニスの進化が終わったわけではないと知ることができたのだと論じる。

「ロジャー・フェデラーは今まで存在した男子スポーツ選手のなかで最大で、最強で、最も鍛え上げられていて、最高の練習と指導を集めた存在だ。誰もが最新のラケットを使えばある程度の力を出せると勘違いする時代のなかで、言ってみればメタリカのライブの真っ最中にモーツァルトの楽曲を奏でるかのような存在感を見せているのだ。つまり、フェデラーはメタリカとモーツァルトを兼ね合わせた（本来ならありえない組み合わせだが）存在なのだ」

あるいは、再びフォスター・ウォレスの作品から言葉を引用すればこうなる。

「ロジャー・フェデラーは超一級の、クソ憎たらしいほどの強烈なベースライナーなのだ。しかも、それだけの男ではない。高い知性があり、オカルト的な期待に応える力があり、コートをうまく使うセンスがあり、対戦相手を読んで翻弄する能力も備わっていて、スピンとスピードも混ぜ合わせることができ、相手の逆を突いて罠に誘い込み、戦術的先見の明もあり、周辺視野も動体視力も申し分ない」

そして、イワン・レンドルと同じ一貫した容赦のなさもある。

そのような点でいえば、想像力豊かなテニスを好むファンは、ナダルのことはあまり好きにならない。おそらくは多くのフェデラーファンがそうだと思うが、フェデラー自身、ナダルのことは脅威として見ているにすぎない。

「世間にはよく理解されていないが、戦争の予兆は愛の予兆よりはるかに読みやすい。そのうちわかるんじゃないかな。どちらにせよ、スペインから来た格闘家とも言えるラファエル・ナダルは男向けの男であったということだ。あのノースリーブのシャツから伸びる巨大な上腕二頭筋と、歌舞伎のような所作を見れば明らかだろう」

フォスター・ウォレスは、２００６年のウィンブルドン決勝でフェデラーがナダルに勝ったことを素直に喜んでいる。このフェデラーをたたえるエッセイを次の言葉で締めくくっている。

「天才とは、複製不可能な存在だ。一方で、インスピレーションは限りなく広がるもので、かつ複数の側面を持てるものだ。そして近づいてみて、力と攻撃性が美の前に屈する姿を見ると、我々に啓示を与えられたような気さえするのだ」

だが、その後の数年でパワーバランスがナダルへ大きく傾いたことをこの作家も認めざるをえなかった。２００８年までに、ナダルは世界1位の王座を強奪したのだ。そして、フォスター・ウォレスは30年来のうつ病もちで、長期にわたり抗うつ薬で乗りきってきたが、２００８年9月12日に享年46歳で自ら命を絶った。その4日前、フェデラーは5年連続となる全米オープン優勝を果たしたばかりだった。

もはや、フェデラーについては多くを語り尽くされている。単行本だけで50冊を超える。伝記もあれば哲学的なものもあり、自己中心的なもの、ユーモラスなもの、情熱的なもの、図解もあれば技術書もあるし、なかにはエロティシズムを取り上げたものすらある。だが、発表から14年が経った今も、フォスター・ウォレスのエッセイがとくに目を引くのは、これこそが最高傑作だからだろうか。

この作品には、アメリカ人のテニスとテニス選手への愛情が一行一行からにじみ出てくるということなのだ。自身が卓越したジュニア選手だったからこそこの題材を知的に掘り下げることができ、並外れた文章力と想像力のおかげでテニスをより深い部分まで洞察できたということだ。フォスター・ウォレスは、フェデラーを特別な存在にしているものの本質をつかみ、一行一行にそれを込め、今日でも通用する作品を完成させたのだ。

あなたが万一、テニスの神童についての小説を書こうとするなら、全体的に順調で大きな危機がないフェデラーの伝記のようなものは書きにくいだろう。創作するならボリス・

ベッカーのような主人公、鮮烈な強さと弱さを兼ね備えた人物のほうが書きやすいはずだ。

だが、フェデラーの魅力はあらゆる方面に広がっている――試合運びの美しさ、やむことのない情熱に毎回驚かされる新鮮さもある。南アフリカのノーベル文学賞受賞者であるジョン・マックスウェル・クッツェも、自身が熱烈なフェデラーファンであることを米国人作家仲間のポール・オースターとの文通をまとめた著作（『ヒア・アンド・ナウ 往復書簡2008－2011』岩波書店、2014年）で公言している。フェデラーの黄金の日々を振り返るたびに、「歴史のなかにある美しい思い出にひたることができる」と彼は書いている。そして、このような感情をゆさぶる引き金は何なのかと考えて、こう答えを出している。

「私は人間的なものと、超人的なものを同時に見ているということだ。人間の理想形が目に見える形で現れたということだ」

さらに、「最初はフェデラーを羨むところから始まり、そこから崇拝するようになり、以後、もはや羨むことすらなくなり、人間の上り詰められる限りの最高な形が地上に舞い降りたことを感謝するようになる」とまで言い切っている。フェデラーを見ることは、すなわち最高の美術を堪能することなのだとクッツェは記した。

だが、ここで付け加えておかねばならないのは、芸術的なプレーも無慈悲なまでにさまざまなスタイル、キャラクター、アスリートたちと競い勝ち抜かなければ意味がないということだ。ポール・オースターもまた、フェデラーに関するクッツェの言説に強く同意し、栄光の日々について触れている。

「きみが言うフェデラーを通してみる栄光の日々については、私もまったくそのとおりだと思う。同じ人間であるはずの男があそこまでの偉業と実績を積むことができている姿を見て、我々は（生物として）単なる虫けらと同じではなく、あのような奇跡的な次元に達することができるのだと勇気づけられる。それはテニスでも、音楽でも、詩でも、科学でも当てはまることだ。そして、羨望と崇敬の念が自分自身の大きな喜びに姿を変えていくのだ」

トレードマークだった大ぶりなバンダナを頭に巻いて、フォスター・ウォレスはきっとこの言葉に静かにうなずくに違いない。

第15章 これが愛なのか

2016年9月、テニス界のエリートたちがニューヨーク州のクイーンズにあるフラッシング・メドウズのコートを所狭しと駆け回っていたとき、ロジャー・フェデラーはスイス、アッペンツェルの山地でハイキングをしていた。そのときの絶景を背後にした自身の写真をソーシャルメディアに公開した。湖の前でポーズをとり、崖のあいだを分け入り、有名なエッシャー・マウンテン・インまで登り、リュックサックを脇に置いて木のベンチに腰かけて絶景を堪能している。スイス観光協会のPR写真にそのまま使えそうな出来だった。

膝のケガのため、ウィンブルドン選手権後のシーズン残り全試合の欠場を決め、フェデラーは子どもたちと水泳をしたり、たまにゴルフに興じたりしていた。その表情があまりに楽しそうでくつろいでいる様子から、もはやプロツアーには戻ってこないのではないかという心配も一部から上がるくらいだった。いつも遠征続きのため、ストレスもたまるし、復帰しなければ何千万か億単位の視聴者の前でプレーを披露しなければならない重圧や、つらい練習からも完全に解放されるのだから。

「テニス界は、ドッグイヤーだ」

かつてボリス・ベッカーが口にした言葉である。すでにプロとしてシングルス1300試合を経験し、フェデラーはこの偉大なドイツ人選手の生涯同試合数（927試合）よりもはるかに多くの試合をこなしていた。金銭的にも生涯安泰で、もはやこれ以上塗り替えなければならない記録もなく、妻と4人の子どもがいて家庭も良好で、慈善活動などを行う自身の財団も活発に動いている。我々も現実的にものを見るべきときだった。当時としては最後のグランドスラム優勝が4年前（2012年ウィンブルドン）で、もちろん彼がこれ以上若返ることもない。肉体の衰えは明らかだった。

だが、そんなあらゆる悪条件がそろっていたにもかかわらず、35歳にして本人に引退する気は毛頭なかった。ここで、ひとつの結論に達した。あとは愛だけ、テニスへの尽きせぬ愛情だけがフェデラーを突き動かしていた。

勝ちまくっている時期にスポーツに熱中するのは簡単だ。だが、負けが込み始めても同じ態度でいられるか。自分が限界だと思うところまで行きついたとき、ケガしたとき、落胆したときはどうか。もうそろそろラケットを置きなさいという、内なる声が無視できないほど大きくなってきたら……？

世界トップクラスに加わって以来の最悪のシーズンだった２０１３年を経て、フェデラーはその年の全米オープンにて改めて自身とテニスの関係を振り返った。テニスへの意欲がまだどれくらい残っているかと聞かれ、彼はこう答えたのだ。

「ひたすら勝っているときは、楽しいに決まっているよ。だからといって、勝利によってテニスへの愛情が高まるということにはならない。ただ勝って新聞の一面を飾り、優勝トロフィーを掲げ、気持ちのいい記者会見をこなせればいいというものではない。それが楽しい経験なのは確かだけど、だからテニスを愛しているという論法にはならない。本当の愛情とは調子がよくないとき、強さが足りないときにこそ試されるものだと思う。僕は昔からそんなことはわかっているし、勝とうが負けようが、練習場だろうが試合会場だろうが、テニスを今も愛していることは間違いない」

昔ほど勝てなくなったフェデラーが、それでもテニスを続けている事実こそ、究極の純粋なテニスへの愛情の証明である。

これだけ長いあいだテニスばかりやっていても、まだフェデラーの黄色いボールへの愛情が続いていることは練習場でこそよくわかる。そういう場面を見ると、ある意味で試合会場以上に彼が楽しそうにしている。そして、どれほど丁寧にストロークを返しているか、時には試合より真剣にサービスを放っていて、とんでもないショットも打ち、新境地を開いて新たな角度から攻めようとする姿勢がわかる。このようにして、19世紀から始まり長い歴史を誇る競技において、まだ新しいショットを開発できるのだ。

本人お気に入りの大会であるシンシナティで、初めて練習を早めに切り上げたのが２０１５年８月だった。まだ時差ボケが残っていて、練習パートナーのブノワ・ペールは中耳炎に悩まされていたのだ。ふたりともそろそろ終わろうと、練習ブロックが終わる数ポイント前のときだった。

そのときの気まぐれで、フェデラーはサービスラインまで突進して地面を跳ねた直後のボールを打ち返した。その瞬間、それまでに考えられなかった新作戦ができあがった。ボールは恐るべき速度で襲いかかり、それにきちんと対応するには驚異的なハンドアイコーディネーションが必要となる。この奇策により、フェデラーはすぐさま数ポイントを稼いだ。

こうして新しくできあがったストロークが、自身の命名による「Sneak Attack by Roger（ロジャーによる騙し討ち）」、通称ＳＡＢＲだ。フェデラーがリターンの際に、いきなり前に騙し討ちのようにして出てくるからだ。テニス界に革命を起こしたということではないし、フェデラー自身すぐに使わなくなったが、これだけ長いあいだ第一線にいながらまだ新しい手法を模索してつくり上げ、実戦で使って驚かせているということ自体がフェデラーのテニスに対するあくなき向上心と好奇心の表れである。

グランドスラム7回優勝の偉業を達成して32歳で引退したマッツ・ビランデルにとっては、この事実自体がフェデラーに関して最も感嘆する部分なのだ。フェデラーの奇跡的な復活について触れた2017年全米オープン直前の記事で、次のような談話を発表している。

「私があらゆる人に伝えているのは、フェデラーの試合を見るときにポイントを稼ぐところだけを見るなということだ。ポイントとポイントのあいだの振る舞いを見なさい、と。いつもテニスボールを手やラケットでもてあそんだり、ポイントを稼いだあとに驚異的なドロップショットを試してみせたりすることなんだ。あるいは、サービスをミスしたときにボールキッズに素早く確実にボールを返すところだ。そんなことをやっているヤツは、ほかにはひとりもいない。やろうとしたヤツすらいない。でも、ロジャーだけはいまだに続けている。ウィンブルドン決勝だろうがなんだろうが関係ない。ボールがラケットに当たっている感触そのものを楽しんでいるんだろうな」

元スイス代表コーチのクリストフ・フライスも、似たような考察をスイスの新聞、ル・マタンに語っている。

「ロジャーがボールボーイにボールを返すとき、いつもちょうど相手の手に収まるところに返すんだ。たとえ相手がコートの反対側コーナーにいたとしてもね。それに、いつもプレーが子どものように喜びにあふれているんだよね。それこそが、ロジャーのロジャーたるゆえんなんだ。ほかの多くの選手たちは長年プレーしているうちに、テニスをプレーできる喜びを失っていくものなのに。ロジャーだけは違う」

フェデラー専任コーチのセベリン・リュティに言わせると、コート上のフェデラーは、実は年齢はその倍なのだが、いまだに18歳の少年のようだという。

「とにかくテニスをプレーすることが大好きなんだ。まるで少年のようだね。肉体的に絶頂期を迎えて才能にも恵まれて、メンタルも強い選手はほかにもいるよ。けれども、フェデラーに比肩する情熱はない。そこがエネルギーの源なんだね」

過去から現在に至るまで、同業者である選手たちが口をそろえて言うのが、これだけ圧倒的な成功を収めているにもかかわらず、まだ彼が満足せずに上を目指しているという点だ。

「普通、グランドスラムを複数回も優勝して大金が入ってきたら、もう満足してしまうよ」

ウィンブルドン決勝で対戦したこともある、マーク・フィリポーシスの言葉である。

「でも、あいつだけは、あれだけ大会で優勝し続けてもまだ勝利に飢えている。まだまだたくさん勝って、これ以上に記録を破り続けようとしている。ここまでの原動力を説明できるものがあるとすれば『愛』、それしかない」

ジョン・マッケンローも語っている。

「ロジャーほどテニスを愛している男は、ほかに見たことがない。私が何よりロジャーについて尊敬するのは、そこだ。私がひとつ彼からもらいたいものがあるとすれば、あの生きる喜びだよね。闘争心は強いんだけど、負けても十分にテニスを楽しんでいるんだよね」

自身2冊目となる自伝『But Seriously（そろそろマジで話そうか）』で、引退後の人生に触れているわけだが、この伝説的プレーヤーは、改めてフェデラーがどれほどテニスを愛し涙を流すかという点について詳述している。

「ロジャーはほかのトップ選手たちよりもはるかに多くの機会で涙を流すが、あの涙は本物だ。そこに偽りの感情はなく、本当に感極まって涙を流しているのが私にはわかる。私は勝ったときに泣いたことはなかった。それ以外の理由でコート上で泣いたことならあるが、タオルの下だから誰も見ていなかったはずだ。ほかにも1度目の結婚が破綻したとき、私生活でのストレスがたまってテニスのパフォーマンスに影響が出て、まともにプレーできなくなったときにも泣いたが、勝った安堵感から泣いたことはなかった。これもまた、ロジャーが特別な存在である理由だろう。これだけ長期間活躍しているのに、さらに多くのタイトルを獲ろうと飢えているのだから」

≫これだけ長い年月を経てもまだ、
この男がどれほど
黄色くて小さなボールに夢中なのか、
練習を見れば一目瞭然だ。

20年以上付き合いがあるハインツ・ギュンタードに言わせると、フェデラーは完璧な組み合わせなのだという。

「私がいまだに感銘を受けるのはものすごい野心で、それは自分を律してあの高次元で戦い続けるための必須条件だ。同時に、くつろぐこともできる。それはノバク・ジョコビッチも同じだ。ふたりとも、いい試合をするために膨大なエネルギーを要する。そのエネルギーとは、コート上ではなくコート外でのエネルギーのことだ。そして、一度スイッチを切ってしまうと再点灯は容易ではない。ただ、ロジャーは本気で自分が愛していることをそのまま続けているのだろう。今まで、テニスの試合が多すぎると不満を言っているのを見たことがない」

この姿勢は若手選手に教え込めるものなのだろうかと問うと、ギュンタードは首をすくめた。

「私にはそのやり方はわからない。これは、本人の資質だと思う。練習で多くのものを得ることはできる。ただ、ロジャーについてはテニスをするために生まれてきたということなのだろう」

選手たちがスポットライトを浴びている時間は、氷山の一角でしかない。そこに至るには途方もない準備と犠牲が必要となる。試合が終わるたびに、（好むと好まざるとにかかわらず）

批判的な質問も受けなければならない。ごく簡単なフォアハンドをミスすると、その後の何週間、場合によっては何カ月も引きずることもある。そして、テニス選手ほどずっと世界の津々浦々をめぐり続ける競技はほかにない。肉体的にも精神的にも疲労困憊《こんぱい》する職業である。

フェデラーがかつて憧れていた選手のひとり、ピート・サンプラスは、31歳で燃え尽きて引退した。ポール・アナコーンはサンプラスの最後の優勝となった2002年全米オープンの立役者で、その後の2010年から2013年までフェデラーのコーチを務めていた。このふたりのいちばん違う点は、一般大衆からの注目度であるという。フェデラーの一挙手一投足に対する関心の大きさは、想像を絶するものである。公の場に出てくると、一瞬も心の安らぐ間がない。

「フェデラーのツアーに同行するのは、スーパーヒーローかロックスターに帯同するのと同じだ。だが、そんな異常な状況であっても平常心を保つ術を知っている。まさに、本物のマジシャンのようだ。そして、自分ではどうしようもない状況を変えようとして、無駄な労力を割くことがない。そんなことを気にすることすらないのだ」

テニスへの愛が冷めていないという事実には、慎重な計画立案が寄与しているのは確かだ。ツアーに出ていないとき、完全にスイッチをオフにする。そういう時期には数時間、一切ラケットを握らずに、ビーチで寝そべるだけだ。テニスへの意欲が湧いてきて、ついラケットやボールを触りたくなるのだが、そこを我慢してワークライフバランスを維持しようと努めている。

だが、2016年から始まった5カ月間の休場の前に、彼がテニスへの喜びを失いかけている兆候は確かにあった。ツアーの試合そのものではなく、その副次的効果と言うべき面でのことだった。定例記者会見において、同じ質問に対して何度も何度も同じ答えを返すのにうんざりしている様子が明らかだったのだ。何度となく不機嫌な様相を見せていて、この男にはめったにないことだった。数カ月間ツアーから離れたことにより、その意欲も取り戻せて、膝だけでなく脳内も回復したようだ。

2017年1月、フェデラーがツアーに復帰したとき、彼の身体と精神は長期間スパで休養をとった直後のように完全復活していた。メルボルンで18回目となるグランドスラム優勝を果たし、その直後に19回目と20回目が続いた。

あの休暇は、若返りの泉の水を飲んだようなものだったのか。そして、2度の膝の手術とコロナウィルスを乗り越えて、全世界のテニスコートをまたにかけた旅路が、また2021年以降も続くはずだ。ハイキングを楽しむ時間は、その後にまだいくらでも残っている。

第16章 優勝3桁クラブまでの869時間

2019年3月に、ロジャー・フェデラーはドバイで通算100回優勝を達成し多くの人たちから祝福を受けたが、そのひとりがかつての同業者、ジェームズ・ブレークだった。その思いをおもしろおかしくツイートした。

「@rogerfedererが100回目の優勝を果たしたのを見て娘が聞いてきた。『パパは何回勝ったの?』と。『10回だよ』と誇らしげに答えてやった。そうしたら『なんでパパは10回しか勝てなかったの? そんなの、全然大したことないじゃん』って。ロジャーめ、子どもの前で俺に恥をかかせやがって。おめでとう!」

もし2000年2月13日にマルセイユで、「あなたはいつか100回優勝して、さらに優勝回数が伸びていきますよ」と声をかけたら、フェデラーはどう反応していただろうか? あの日、彼はATPツアー決勝で、同胞で、親友で、プレイステーションのライバルでもあるマルク・ロセに第3セットのタイブレークの末に敗れて、悔し涙にくれていたのだ。

ロセはフェデラーの悲しみがよくわかったという。そして、慰めようとした。表彰式において、準優勝した親友にこう声をかけた。「心配するな、きみなら優勝できる」。だが、その言葉は彼の耳にはむなしく響くばかりだった。ロセがそんな言葉をかけるのは簡単だ、とさえ思い、そして消極的な考えがよぎった。ひょっとしたら、二度とこういう優勝のチャンスには恵まれないかもしれない。そんな考えを隠してカメラマン一団が構える前でやっとつくった笑顔を見せ、着古した灰色のジャンパーを着て、小さなトロフィーを持ち上げてみせた。

ＡＴＰツアー初優勝まではそれから1年、２００1年2月4日のミラノまで待たねばならなかった。それは、決勝戦への進出3度目の正直だった。対戦相手はフランスのジュリアン・ブッテだったが、むしろ名勝負と言えるのは準決勝で対戦した、オリンピック優勝でトップ10に加わったこともあるエフゲニー・カフェルニコフ戦で、それまで数日間にわたる親知らずの激痛に耐えながらの勝利だった。

決勝の対ブッテ戦は、主審ラース・グラフの不手際で少し台無しにされた側面があった。第2セットのタイブレーク後、間違ってフェデラーの順番だったはずなのにフランス人に先にサービスを打つよう指示を出したのだ。ブッテは従ったが脳内が混乱してしまい、直後のサービスをミスしてしまった。そして、これが試合を決めてしまった。

フェデラーの両親はこの瞬間を見届けるため、車で340㎞の距離を飛ばしてバーゼルからやってきた。父ロバートは緊張のあまり鍵を車内に残したままロックしてしまい、ドアを開けるため窓をたたき壊したので、バーゼルまでの帰り道は寒さに凍えながらのドライブとなってしまった。だが、ロンバルディア州の州都まではるばるやってきた甲斐はあった。おかげでスタンドから、息子が弱冠19歳180日でプロ初優勝して、トロフィーを掲げる姿を見ることができたからだ。重みあるトロフィーの頂点には、月桂冠が縁取られていた。これが、その後も勝ち続ける10代後半の少年の優勝第1号だった。

それから約18年後、正確には6601日後の2019年のドバイで、フェデラーはあの1回目の優勝を振り返ってみせた。

「僕が才能に恵まれながら、無冠のまま終わっていく選手にならなくて本当によかったと思っているよ。いま考えても、この100回の優勝の合間、合間にどれほどの不安があり山や谷があったことか、あなたたちにも想像がつくはずだ」

フェデラーは100個の優勝タイトルを19カ国、30都市の548試合で勝ち取り、うち6つは楽勝で、負けたのはひとつだけだった。2007年上海マスターズ・カップでは、一次予選グループでチリのフェルナンド・ゴンサレスに負けたものの、その後巻き返して優勝した。BBCはわざわざこの100回目の優勝までの道のりを計算してみせた。ラリー総計は8万3302本で、うち勝ったのが4万6508本、つまり勝率55・83％だ。そのなかには4378本のエースが含まれている。そして、コート上で累計5万2152分を過ごし、言い換えると869時間、あるいは丸々36日間ということになる。これは、6シーズン86話に及ぶドラマ「ザ・ソプラノズ」を10回繰り返して見るのと同じ長さである。同ドラマの主人公であるマフィアのボス、トニー・ソプラノをけなすつもりはないが、フェデラーが優勝タイトルを目指す姿を追い続けるのはこのドラマより心つかまれるものであり、娯楽性もあり、惰性の繰り返しが少ない。おなじみのバックドロップショットを披露するときでさえ、観衆が驚かされないことはない。

現代テニスにおいて、グランドスラム優勝は究極の誇りとなっている。だがフェデラーにとって、この100勝という記録は、テニスに対する献身が大舞台に限定されたものではない証明でもあり、最高の誇りとなっている。ドバイで自身が強調したとおり、つまるところ、フェデラーは大部分の時間をATPツアーのなかで過ごし、グランドスラムだけに時間を割いているわけではないからだ。

では、これだけ勝ち続けられたカギは何なのか、本人はどう考えているのだろうか？返答には説得力があった。

「つねに、あらゆる側面で準備万端にしておかなければならない。メンタルもフィジカルも備えたうえで、試合でそれを実現しなければならない。グラインダーだけでなく、ビッグサーバーだけでなく、攻撃的な選手だけでなく、とにかくあらゆる種類の選手に対応しなければならない。そして、どんな選手を前にしてもずっと勝ち続けなければならない。多くの選手たちにとって、これは難題だと思う。それを毎年続けられるのは本当にごく少数で、それを一年のうちに5回も6回も7回も繰り返さなければならない。そのためには毎試合に合わせた調整をしなければならないし、多少の痛みがあっても耐えなければならない。僕だって、本当はケガとか痛みをずっと抱えているけど、それに耐え続けて最終的に勝ったことが何度もあるんだ。グランドスラムでも、そんなことが何回もあったよ」

長年にわたり、フェデラーはスイス製時計のようにつねに正確に動き続けてきた。グランドスラム65大会連続出場（具体的には2000年全豪オープンから2016年全豪オープンまで）。2003年10月（ウィーン）から2005年10月（バンコク）まで、決勝戦での24連勝を達成。2004、2005、2006年の3年だけで優勝34回を記録。そして、2004年ウィンブルドンから2010年までグランドスラムで23回連続準決勝以上まで進出した記録は、おそらくこれから何十年も破られないだろう。この記録の2位がノバク・ジョコビッチの14回で、ラファエル・ナダルでさえ7回連続にとどまっている。

「試合には、毎日、毎試合で100%を出し切らないといけないと思っている」

同じくドバイで、フェデラー自身が語った成功のレシピである。

「これは僕にとって決して簡単なことではないんだ。自分の感情を高める、それだけでも容易ではない。最終的にはなんとかするんだけどね。それから大会全体を見通して、無駄なエネルギーを浪費しないこと。プロ生活の初めの頃は、ポイントを取ったり取られたりで一喜一憂しすぎていて、準々決勝くらいまで進むともうバテてしまったこともよくあったよ」

コーチとして半分以上のタイトルに絡んでいるセベリン・リュティは、彼の偉業に改めて感嘆する。

「100回というのは信じられない数字だよね。普通は夢でさえ見ることがない。一年に10回優勝しても10年間繰り返さないといけないんだよ。あるいは、年間5勝で20年か。とにかく信じられない！　いちばん大きい要因は、ロジャーが今もテニスを愛し続けていることだね。とにかく、まだ本人を突き動かす情熱が続いているんだ」

リュティによると、フェデラーは気分が乗らないからと練習をさぼったことがこれまでに1回もないという。

「もちろん、毎回すべての練習が首尾よくいくわけではない。気分が乗らない、本調子でないことはいくらでもあった。だが、そんなときでもなんとか楽しめる方法を自分で見つけ出していた。例えば、20分間ベースラインで練習するとして、毎回違うことをやってみるとか。1球目はトップスピンをかけて、次はスライス、時には誰かほかの選手を真似していることもあるな。ロジャーと練習していると、相手が年長の選手だとはとても思えない。まだ若手の選手が練習中ずっと代わり映えのしない単調なボールばかり打っているのを見ると、ああ単なる仕事としてやっているだけなんだなと思う。ロジャーにとって、テニスはゲームなんだ。だから、いつも地に足がついたままになっている。もちろん、特権的な人生を歩んでいることを彼はよくわかっているよ。世界はおいしいオイスターみたいなもので、テニスのおかげですべての幸運が得られたことをよく理解している。テニス界には、ロジャーほど多くのものを得られなくて苦しんでいる人がほとんどだからね」

とはいえ、2020年の現時点で優勝103回を誇るフェデラーよりも、さらに多くのトロフィーを掲げた男がひとりだけいる。シングルス大会109勝のジミー・コナーズだ。フェデラーが100回優勝達成者に加わったとき、コナーズは次のようにツイートした。

「@rogerfederer ようこそ〃3桁〃優勝クラブへ。俺も長年ちょっと寂しかったんだ、仲間がひとり増えてうれしい限りだよ!!!」

同時に、コナーズは可能なら自分の記録が破られないでほしいという願いも公然と表明した。何もかもが違いすぎるこのふたりだが、テニスに対する情熱だけは共通している。

コナーズがプロとして最後の試合をしたのが43歳のときで、1991年には39歳で全米オープンの準決勝まで進出した。4回戦の相手アーロン・クリックステインは15歳も年下だったが、第5セットに2－5まで追い詰められてから大逆転した。これこそ強烈な闘争心と意思の表れであり、年齢のせいでそこがまったく衰えていなかったということだ。この試合はCBSクラシックの番組となり、全米オープンで雨天中断になったときに使われる定番映像となった。その後、フラッシング・メドウズ最大のスタジアムには移動式屋根が付設され、ファンがこの名勝負を懐古するにはユーチューブに頼らなければならなくなった。

コナーズは1972年から1989年のうち15シーズンにわたって勝利を重ね、とくにインドアで強さを発揮した。フェデラーは18シーズンで、毎シーズン1回は優勝している。1回も優勝できなかったのは、膝の手術があった2016年と2020年だけだ。

このふたりの業績を比較してみるのは本当に楽しい。だが、コナーズが出場した大会のほとんどはもはや現存せず、正確な比較をすることは困難だ。明らかなのは、グランドスラムでの実績はフェデラーのほうが上（20対8）で、獲得ポイントが高い大会で勝っているということだ。また、違う時代の選手を比較するのが難しいのは、例えばロッド・レーバーはプロとして74回しか優勝していないが、プロ転向前にアマチュアとして126回も優勝していたりする。通算200回優勝ということを考えれば、この男こそ史上最高とすべきなのかもしれない。

だが、史上最高の選手は誰かという議論は、単なる数字だけで測れるものではないのだ。

第17章 スポーツ界のジョージ・クルーニー
――フェデラーという名のブランド

ロジャー・フェデラーという名の〝王〟は、右肩にバッグをかけて職場に向かう。周りを囲む人にはほとんど目を向けることなく静かにうなずき、すでに集中力は極限まで高まっている。スポットライトのなかに入るまで、あと数歩だ。深呼吸して、「チャオ、ロジャー」という言葉から始まり、突如白いエプロンが投げ渡される。この日の仕事はテニスではなく、イタリア人シェフのダビデ・オルダーニと一緒にパスタをつくることだった。フェデラーはバッグのなかに〝スパゲッティ№5〟の何パックかを忍ばせていた。「秘訣はとにかくシンプルに済ませること」とオルダーニが強いイタリア訛りの英語で語る。すぐ隣にいる超有名人の弟子は素直にうなずき、トマト、ニンジン、そのほかの野菜を手早く切り刻む（高速の野菜切りの部分は代役だ。プロ選手が指のケガをするリスクを負うわけにはいかない）。ふたりの楽しい調理光景を彩るのは、ミキス・テオドラキスの音楽で（壮大すぎて、少しこの場には合っていなかった気がするが）、そこからフェデラーがパスタにミントの葉を落としていく――このあたりは、対戦相手のブレークポイントでも正確にラインぎりぎりを狙える彼のサービスみたいなものだ。

イタリアの食品会社のバリラは大金をつぎ込み、「パスタの達人」なるキャンペーンをつくり上げた。２０１７年春に、同社の世界マーケティング担当がフェデラーをグローバルブランド・アンバサダーに任命した。１９９０年前半、シュテファニー・グラフがドイツのパスタを売り込むために色っぽい黒のイブニングドレスで登場したことはあったが、今回はフェデラーがバリラ・パスタの販促に関わるようになったというわけだ。フォーブス誌はこのＣＭ契約を5年で4千万ドルと見積もった。

この仕事はもともと、マネージャーのトニー・ゴッドシックがフェデラーの引退後のために用意していた仕事のひとつだった。そして２０１８年7月に、ちょうどウィンブルドンの時期に合わせてもう一本の大きな契約が入ってきた。日本の服飾ブランド、ユニクロと10年契約を結んだのだ。一説には3億ドルともいわれている。一生ラケットを振り続けられるわけではないプロテニス選手に支払う金額としては、大きすぎるのではないか。だが、以前に契約していたナイキとは違い、ユニクロが期待しているのはそれだけではない。フェデラーを通じてスポーツウェアだけでなく、レジャー用ウェアも含めて欧州のマーケットに広めようとしているのだ。

フェデラーが宣伝広告に関わっている企業との絡みで過ごす一日を描写すると、だいたいこんな感じになる。目覚めてから「ユーラ」のコーヒーマシンでダブルエスプレッソを淹《い》れて、「リンツ」のチョコレートを口にする。自身の手首にはめた「ロレックス」に目をやり、少し予定に遅れていることに気付く。「サンライズ」の携帯電話で、コーチと空港で会おうと連絡する。素早く荷物を「リモワ」のスーツケースに詰め、もちろんそのなかに「ユニクロ」のユニフォーム一式と「ウィルソン」のラケットを入れるのを忘れるわけにはいかない。それから「クレディ・スイス」のカードでいくつかの支払いを済ませ、スイスのメーカー「On（オン）」が開発した自身のスニーカー「ザ・ロジャー」を履く。そして、家族と共に「メルセデス・ベンツ」のステーションワゴンで空港へ向かう。アメリカのプライベートジェット企業「ネットジェッツ」の一機が滑走路で待ち構えている。機上の人となり雲の上に着くと、「モエ・エ・シャンドン」のシャンパンを一杯たしなみながら、カーボローディングの一環として「バリラ」のパスタ・ランチだ。

フォーブス誌によると、これほど多彩な広告を担うフェデラーは2019年5月から2020年同月までに税引き前で1億630万ドルを稼ぎ出したという。それに次ぐのがクリスティアーノ・ロナウド（1億500万ドル）とリオネル・メッシ（1億400万ドル）で、前年にトップを争ったのと同じ顔ぶれだったとのことだ。フェデラーは初めてこのランキングで1位となったテニス選手である。つまり、この分野でも新境地を開いたということである。ほかに、トップ20に入ったテニス選手はひとりもいなかった。この分野におけるテニス選手のライバルであるノバク・ジョコビッチ（4400万ドル）とラファエル・ナダル（4千万ドル）は、それぞれ23位と27位だった。

また同誌によると、フェデラーは2010年以来、年収が2倍になっているという――当時は4300万ドルだった。これもひとえに、スポンサー収入が増えたからだ。直近の試算によると、スポンサー収入は1億ドルに達するという。これにより、史上最高値のスポーツ選手となった――NBAのレブロン・ジェームズとゴルフのタイガー・ウッズ（各6千万ドル）をも軽く超えている。この試算が必ずしも正確とは限らないが、フェデラーがダントツで1位であることだけは間違いない。

テニス界では、日本人の大坂なおみが3400万ドルでわずかに伸びていて、ジョコビッチ（3200万ドル）とナダル（2600万ドル）は広告業界では一段下の扱いとなっている。フェデラーの生涯年収は、出演料などそのほかも含めると10億ドルを下らないと思われるが、大会賞金はそのうち7分の1程度（2020年9月の時点で約1億3千万ドル）にすぎない。

スポーツでの成功とは別に、何がこの男をマーケティング面で図抜けた存在にしているのか？

「私に言わせれば、フェデラーはマーケティング分野でも化け物だね」

そう語るのはザンクト・ガレン大学でブランディング専門家としてマーケティングを教えるトルステン・トムシャックだ。

「私の印象は、世界と一致するはずだ。フェデラーは、あらゆる理想形を集めた男ということだ。誰もが〝正統派〟という言葉を使いたくなる。素顔とか本性があのままかどうかは、私にはわからない。だが、少なくとも公衆の前ではあの表情で、つねに一貫した態度をとることができる。あらゆる場面で、一度たりとも期待される人間像を裏切ったことがない。これだけ徹底できる人は、そうそういるものではない」

ブランディングの視点から言うと、フェデラーは「全方向対応型」とトムシャックは説く。

「彼のいいところは何か。どこにでも似合って、信じられないほど多才ということだ。上質さと信頼性を強調されるが、それ以上の何かも備えている。もはや、最高級の象徴ともいえるジョージ・クルーニーと同格と言えるのではないか。チャラチャラと派手な生活を見せびらかす成り上がりラッパーとは違い、格調が伴っている。長年にわたり、高級ブランドで問題になるのはクルーニーにするか、フェデラーにするかだ。そこまでのレベルに達せる人はそういない」

同時に、フェデラーは伝統的な家族の価値も訴えることができる、と同教授は説く。「既婚者で、過酷な職業に就きながらも子どもたちを大切にしている。そして両親との仲もいい」。これがあるから、家庭のキッチンに必要とされたいバリラのようなブランドに合うということだ。また、スイスの通信会社サンライズの広告に登場してカネの重要性を説き(スローガンは〝ロジャーと私〟だ)、一方で贅沢品のロレックス腕時計とかシャンパンの最大手モエ・エ・シャンドンを売り込むのは一見筋が通らないようにも見える。ナイキから、お手頃な服を売るユニクロに乗り換えたのは彼のファンを意識したからだ。「フェデラーこそ、西洋世界でユニクロのブランド価値を高めるには最適任だ」。ブランド大使として、アスリートがハリウッドのスターと競っている、とトムシャックは言う。

「スポーツは世界を動かし、有名アスリートは誰もが望むメッセージを携えている。それは〝成功〟だ。どこのブランドも成功と結びつきたい。もしフェデラーの勝ち星が減れば、我々が話題にすることも減る。そこは、ハリウッドのスターよりも事情が複雑だ。あちらが体現しているのは美であり、ライフスタイルなのだから」

ブランド大使に誰かを選ぶということは、あらゆるリスクを排除しなければならない。例えば、タイガー・ウッズ(不倫問題)とかマリア・シャラポワ(ドーピング疑惑)がいい例だ。だが、フェデラーのように自他ともに認める自己管理の鬼であり、彼自身がつまらぬ失言や行動によりブランドの名前を失墜させる可能性は皆無に近い。トムシャックも自身の観察に基づきこう語る。

「フェデラーはもともと知性の程度が高く、周囲の助言も受け入れる度量の大きさがある。ウィンブルドンでラケットを壊したとか、やりすぎたことが大昔には多少あったが、もう今はそんなこともない」

ソーシャルメディアへの登場の仕方が多少素人臭いところもあるが、逆にそのほうが信頼度が増すという一面もある。ナダルの場合、ツイッターはマネージャーが書いているが、そのほうが違和感がある。フェデラーがツイッターで何か言いたくなったり、インスタグラムで写真を出したくなったりするときは、自分でそうしている。その気にならなければ、何週間も沈黙を保つこともある。ファン向けにフェイスブック公式ページを早い時期に開いたが、ツイッターとインスタグラム参入は比較的遅かった。ツイッターでフォロワーの数は1260万人で、クリスティアーノ・ロナウド（8660万人）には遠く及ばない。インスタグラムになると、さらに差は大きく広がっている（770万人対2億3千万人）。

トムシャックによると、このソーシャルメディアの使い方は明らかにフェデラー本人の性格によるものだという。

「悪く言えば、こういうことだ。フェデラーは子ども向きではない。ロナウドをインスタグラムで追いかけているのは誰か？　ティーンエイジャーではないか。その世代でのフェデラーの訴求力は大きくない。ロナウドのターゲット層とはまったく別ということだ。フェデラーを追う人は、もっと年齢的にも社会的にも成熟している場合が多い。だから、高級ブランドからの引き合いが多いわけだ。ロナウドはそちらへの訴求力は強くない。ただメッセージが届けられる範囲とか人数で言えば、フェデラーよりもはるかに上だ」

トムシャックの分析によると、ロナウドはポップスターと同じ枠で捉えられてファン層を確保しているということだ。

「一方で、フェデラーはあるがままのフェデラーでいいということだ。素の自分でいればそれでいいという意味で、ラッキーだと思うよ」

フェデラーの代理人、ゴッドシックも同じ見方をしている。２０１３年にニューヨーク・タイムズ紙の取材でこう語っている。

「私がロジャー・フェデラーを売るのは簡単だ。だが、ロジャー以上にロジャーを巧みに売り込める人はほかにいない」

ゴッドシックとは、フェデラーが2年間自前でマネジメントをしたあと、マーケティング界の最大手ＩＭＧと再提携した２００５年以来、一緒に仕事をしている。これまでにもゴッドシックは元テニス選手のトミー・ハース、リンゼイ・ダベンポート、アンナ・クルニコワのマネジメントを手がけてきた。２０００年に結婚した妻が、グランドスラムで決勝進出を果たしたこともあるメアリー・ジョー・フェルナンデスということもあり、ゴッドシックはテニス界の表も裏も知り尽くしている。気さくで雄弁だが要求も厳しい凄腕ビジネスマンで、スイス・インドア・バーゼルのディレクター、ロジャー・ブレンワルトとは長年の確執があった。

だが、何よりも雄弁なのは彼がたたき出した数字である。２００５年から２０１０年にかけて、クライアントであるフェデラーの収入は１１００万ドルから４３００万ドルと４倍近くになった。ゴッドシックは米国市場におけるフェデラーの地位を不動のものとした。２００６年に、フェデラーが３年連続となる全米オープン優勝を果たしたとき、同じくナイキとジレットの広告塔を務めているタイガー・ウッズは、フェデラーのボックス席でこの試合を見届けた。試合後、ふたりはロッカールームで旧友のように打ち解けて語り合った。このときの対戦相手は同胞の米国人であるアンディ・ロディックだったが、ウッズが公然とフェデラーの応援にまわったことに誰一人文句をつけなかった。

ゴッドシックの理論によると、フェデラーにドイツとか米国といった巨大マーケットがつかなくても別に不利ではないという。以下は、２０１０年にスイスの日刊紙ル・タンに語った内容である。

「ロジャーは全世界の偶像だから、我々はこのブランド価値を世界各国に広げていった。彼の国籍がスイスであるという事実は、実際のところ大企業にとっては魅力的なことなんだ。スイスは小国だけれども、高級感とか上品さとか完璧主義といったイメージがついているから逆にいいんだ。つまり、スイス国籍だからこそ世界市民といった印象を与えられるということなんだ」

マーケティングの専門家であるトムシャックも、多くの点でこのマネージャーの見方に同意している。

「フェデラーがスイス人であることは、確実にプラスだと私も思う。永世中立国という立ち位置が、彼に優位に働いている。そして、どこにも境界というものがない。もしドイツ人だったら、ドイツ本国ではもっと稼げたかもしれないが、世界全体で見ればこうはいかなかっただろう」

そして、スイスのパスポートよりもさらに大きな役割を果たしているのが、フェデラーの多言語を操る力だ、とトムシャックは続ける。

「フェデラーの言語能力は素晴らしい。私はよく1月にオーストラリアに行っているが、フェデラーがオーストラリア人に受け入れられている姿を見ると、本当に感嘆させられる。これは単に英語が流暢《りゅうちょう》に話せるからだけでなく、母国語と同じくらいユーモラスにおもしろおかしく話せるからだ。ジム・クーリエがインタビューしたときなんて、オーストラリアのテレビ番組でいちばん注目されていたからね」

もしフェデラーが米国出身だったら、さらにマーケティング上の価値は高まっていただろう、とトムシャックは言う。米国市場は、今も昔も世界最大なのだ。

ゴッドシックも当然、フェデラーの広告契約のおかげで大きく潤っている。フォーブス誌のスポーツ代理人ランキング（２０１９年９月）で、１年間に１７３０万ドルを稼いだと試算されている（なかなかいい数字ではないか）。フェデラーを売り込む米国人の代理人には、明確な指針がある。クリスティアーノ・ロナウドの場合は、サッカーファンを対象としてパニーニのステッカーを集めているような人たちを相手にしていて、２０１３年以降で20本の新しい契約が入っている。一方で、フェデラーのスポンサー契約はどれも長期間にわたるものばかりである。かつてゴッドシックが語った事例に、２００９年のウィンブルドン直前にとある企業から提示されたものがあり、もしフェデラーがピート・サンプラスのグランドスラム最多優勝記録（14勝）を破ったら莫大な金額を払うという話だったという。フェデラー本人との長い付き合いを考えて、即座に却下したとのことだ。

フェデラーのスポンサー企業には、世界的に事業を展開するスイス企業（クレディ・スイス、ユーラ、リンツ、ロレックス）もあれば国内を対象とした企業（サンライズ）もあるし、グローバルブランド（バリラ、メルセデス・ベンツ、モエ・エ・シャンドン、ネットジェッツ、リモワ、ユニクロ、ウィルソン）もある。これまでの最高額はナイキとの契約で、２００８年から２０１８年にわたり総計1億3千万ドルに及んだという。何本かの契約は選手引退後にも続くようになっており、ウィルソンとは生涯契約だ。将来的には、フェデラーの広告価値はプロスポーツ選手という肩書に頼らなくても大丈夫ということだ。

どちらにせよ、彼はすでに選手引退後の準備も万端で、すでに道筋をつけている。２０１３年にゴッドシックと共にＩＭＧを離れ、米国人投資家集団と組んで「Team 8」というマネジメント事務所を立ち上げ、自身がクライアント兼共同経営者に納まっている。そして、将来世界1位になることが嘱望されているアレクサンダー・ズベレフとすでに提携している。２０１９年11月にはズベレフを帯同して南米ツアーに出て、アルゼンチン、チリ、コロンビア、メキシコ、エクアドルをめぐった。ほかにクライアントとして契約しているのが、16歳の米国出身の天才少女コリ・ガウフと、２００９年全米オープンで優勝したアルゼンチンの巨人ファン・マルティン・デル・ポトロだ。アイスホッケー界からはニューヨーク・レンジャースのゴールキーパーでスウェーデン人のヘンリク・ルンドクヴィストも加わっている。フェデラーと同じく、〝キング・ヘンリク〟と崇められる男だ。要は、「Team 8」とは少数精鋭の最高級ブティックのようなものなのだ。

同社が仕掛けた最も野心的なプロジェクトは、２０１７年秋にプラハで開催したレーバーカップだった。これは最強の米国人選手が欧州代表と争うゴルフの「ライダーカップ」にヒントを得たものだ。テニス界においては、現時点で欧州各国の選手が上位を席巻し、世界のほかの地域の選手と争うという構造が定着している。まずはプラハ、シカゴ、ジュネーヴで開催して成功させた。２０２０年にも予定されていたがコロナウィルスの影響で中止に追い込まれた。レーバーカップが今後も存続するかどうかは、選手としてのフェデラーがいなくなったあと、テニス界の過密日程のなかでやっていけるかどうかにかかっている。

２０１９年11月には、フェデラーはチューリッヒのシューズメーカー、オンに投資家として参入し、ブランドアンバサダーを務めながらアイデアも提供するようになった。２０２０年夏に、フェデラー監修の初のシューズが発売となった。オンに対して５千万〜１億スイスフラン（約58〜１１５億円）をフェデラーが投じたといわれている。つまり、本気ということだ。ゴッドシックは、かつてフェデラーにこう言ったという。

「いいかい、きみはテニスコートで素晴らしい成功を収めている。けれども、テニス選手生活を終えたら、きみがもっと大きく成功できることを約束するよ」

まだまだ目指すべきものがあるということだ。

第18章 テニスのワンダーランド、スイス

「チョコレートのおかげよ」

なぜ、スイスがテニスでこれほど多くの名選手を輩出できるのかを問われ、ベリンダ・ベンチッチはこう答えた。レマン湖沿い出身のティメア・バシンスキーは3つの要因をあげた。チョコレート、チーズ、山の空気、だと。チョコレートの消費とスポーツにおける成功の因果関係が科学的に証明されたという話は、寡聞《かぶん》にして聞いたことがない。だが、何かある可能性はある。なんといっても、ロジャー・フェデラーがチョコレートの宣伝をしているのだから。

冗談は抜きにしても、このアルプス山脈の小国が20年以上にわたり、この世界的な人気スポーツにおいて圧倒的な成果を残し続けていることは誰にも否定できない。グランドスラム開催国と比べて、圧倒的に予算も選手の人数も少ないにもかかわらずだ。フェデラーのおかげであることは当然だが、彼だけではない。フェデラーの前には、マルチナ・ヒン

ギスがテニス界を席巻していたし、フェデラーが少し調子を落としていた時期にも、スタン・ワウリンカが２０１４年から２０１６年に大きな勝利をいくつもあげた。かつて「あの負けるほうのスイス人」と揶揄《やゆ》された男が見事に見返してみせたのだ。

１９９７年から２０１９年にかけて、スイス人選手がメジャータイトル無冠（シングルス）に終わった年は6年しかない。２０００、２００１、２００２、２０１１、２０１３、２０１９年だ。これに匹敵するのはスペインの無敵艦隊くらいだ。同時期に、これ以上に強さを保ち続けたのは米国だけで、グランドスラム無冠に終わったのは5シーズンだけだった。そして、２０１３年にフェデラーの背筋痛が耐えられないレベルに達したとき、スイス人選手がこの23年間で初めて一度もグランドスラムの決勝に達せないという事態が発生した。５１９週間にわたり世界1位がいて、約10年間で男女シングルス合わせて28個のグランドスラム優勝、オリンピックでシングルスとダブルスでも優勝を果たし、加えて２０１４年のリールのデビスカップでも優勝した。まさに驚嘆の実績と言えよう。

１９７６年にビヨン・ボルグがウィンブルドン初優勝を果たしたとき、スイスでＡＴＰポイントとは何かとわかっている人など皆無だった。17歳のハインツ・ギュンタードが5月にクレーコートの大会への出場権を獲得し、1回戦でイタリア人のピエトロ・マルツァーノに勝って7ポイントを得た。細身のチューリッヒ出身の同選手は、同年にローラン・ギャロスとウィンブルドンのジュニア大会でも勝ち、１９７８年にスプリングフィールドでスイス人として初めてＡＴＰツアーでの優勝を達成した。ギュンタードは、その後も世界30位以内に長年とどまり、ダブルスと男女混合ダブルスでそれぞれ２度のグランドスラム優勝も達成し、パイオニアとして新しい道を切り開いた。

また、モデルも務めたヤコブ・ラセクは、13歳という異様な遅さでテニスを始めたにもかかわらず、１９８８年秋にスイス人として初めてトップ10に加わり、マディソン・スクエア・ガーデンでのマスターズ大会への出場資格を得た。大柄な体格を活かしたビッグサーバーのマルク・ロセは、１９９２年バルセロナ・オリンピックで金メダルを獲得し、その４カ月後には、ラセクと共に、テキサス州フォートワースで開催されたデビスカップでピート・サンプラス、アンドレ・アガシ、ジム・クーリエ、ジョン・マッケンローで構成される米国「ドリームチーム」に決勝で挑戦した。そして、このジュネーヴ出身の選手は全仏オープンで準決勝進出を果たし、スイステニスを新たな高みに引き上げた。

そこから女子テニスでマルチナ・ヒンギスという天才少女が旋風を巻き起こし、１９９７年には16歳にして全豪オープン、ウィンブルドン、全米オープンを制して史上最年少でＷＴＡ（女子テニス協会）世界１位に到達した。そして、生涯で通算２０９週間にわたり世界１位に君臨し、四大大会のシングルスで５回の優勝と12回の決勝進出を果たし、最後の決勝となったのが2002年の全豪でジェニファー・カプリアティと対戦したときで、翌2003年2月に最初の引退を発表した。そのあとにフェデラー時代となる。

だが、実際のところはもっと早くからスイスのテニスは始まっていたのかもしれない。

ハンドボール選手で趣味のテニスでもかなりの腕前だったロジャー・ブレンワルドは、1965年に予定枠のひとりがキャンセルして空きができたので、バーゼル・ムスターメッセに行ってみないかと誘われた。当時のバーゼルで冬にテニスができる会場はここだけで、いつも朝一番から夜遅くまで予約で埋まっていた。そして、コンクリートの床はどう考えてもテニス向きではなく、その日も冷えきっていた。ブレンワルドが会場入りしたとき、氷点下2度で手袋をはめなければならなかった。こんなことではいけない、と当時19歳の彼は心のなかで思った。その後、十分なお金を貯めてから、1969年に6万フランで屋内テニスコートを買い取り、もちろん暖房も完備したうえで冬にテニス愛好家へ貸し出した。同年冬の終わりには大会を主催し、ここでスイスインドア大会が生まれた。

そして、セイント・ジャコブホールを拠点として幼かったフェデラーに多くの啓示を与え、ここでミヒャエル・シュティヒやウェイン・フェレイラが1993年と1994年にそれぞれ優勝するのをボールボーイとして目撃していた。当時彼らから受け取ったメダルを今も保管しているという。この麗しい伝統は、今もスイスインドア大会に根付いている。

フェデラーもすでに、この大会で勝者として子どもたちの首にメダルを10回以上かける役割を果たしている。

ギュンタード、ラセク、ロセ、ヒンギス、パティ・シュナイダー、フェデラー、ワウリンカ、バシンスキー、ベンチッチ──スイスが生んだ名選手たちが歩んできた道は、それぞれ大きく異なる。だが、スイステニス協会会長で国際テニス連盟副会長でもあるレネ・シュタムバッハに言わせると、こういった成功者たちには普遍的な法則があるという。

「民間の努力こそがカギだ。スポーツに限らず、経済においても、我々は民間の努力で動かなければならない国に生きているのだ」

ヒンギスがいい例だが、母親のメラニー・モリターからテニス女王になるべくたたき込まれ、3歳のときにはすでに一日で100回以上もネットの向こうにボールを打ち返せるようになっていたという。ワウリンカの場合、家族ぐるみの友人ディミトリ・ザビアロフと共に、15歳のときにはバルセロナ近くの沿岸にあるカステルデフェルスに練習拠点を置き、実家があるヴォー州のサン・バルテルミから遠く離れていた。ベンチッチの場合でいうと、父親のイヴァンは娘のキャリアのために幼い頃に仕事を辞め、彼の幼なじみでもあった元アイスホッケー選手で実業家のマルセル・ニーデラーから100万スイスフランを投資されて将来に賭けた。

フェデラーはその点例外で、一国のテニス協会が才能を順調に育むことができた珍しい事例である。もちろん、その根底にあるのが本人の強烈な意志であることは論を俟《ま》たない。つまるところ、13歳でテニスで生きていくと決めて、実家を離れてエクブレンスのナショナル・トレーニングプログラムに参加するのを決めたのは本人なのだ。そして、両親は必要な費用を賄うために残業を続けた。

１９７０年代末になってもスイスはテニス大国の地位からはまだ程遠く、ギュンタードがテニス界で初めての足跡を残してからは、少しずつテニスが栄える地ならしのようなものはできていた。テニスコート用の土地がこれほど多くある国はなかなかない。国全体で約６千のコートが広がっていた。ほぼすべての村で、少なくともひとつのテニスコートが自転車で数分の距離にある。加えて、物価も収入も高いスイスは、世界各国のあらゆるレベルで指導できる優秀なコーチが集まってくる素地があった。

そのなかでも、とくに中心的な役割を果たしたのが、１９６８年のプラハの春がきっかけで旧チェコスロバキアからスイスに逃れてきた人々だった。旧チェコスロバキアにルーツを持つコーチおよび選手たちの影響はいまだに強い。フェデラーにとって最初のコーチだったアドルフ・〝セップリ〟・カコフスキーも旧チェコスロバキア出身だった。一般論として、多様な文化が共存することはテニスに限らずスイス全体の成功の重要な要素である。

「違う文化が混ざり合うとき、それぞれのいいところが生き延びていく」とは、ギュンター ド自身が語る言葉である。そして、スイスの政治的安定と裕福さが、好条件をつくり出している。

「順調に回っているシステムのなかに外国の優れた要素を持ち込めば、さらにいいものができあがるに決まっている。すでに十分に組織立っていて、規律もあるのだから。私自身もいろいろなミックスの上にできあがっている。ラセク、ヒンギス、フェデラー、ワウリンカ、バシンスキー、ベンチッチは皆、異なる文化のミックスの結果できあがった傑作なのだ」

もっとも、フェデラーの大成功によりスイスで空前のテニス人気が起きたというわけでもない。しかし、ライセンスを持つ選手の数は、2003年ウィンブルドンの初優勝以来、これだけ趣味やレジャーが多様化している時代のなかで5万人を超えている。この事実自体が成功の証しではないか。

頂点において、フェデラーはプロフェッショナリズムと尽きることのない野心を燃やし続けている。つねに彼の影に立たされることになるワウリンカにとってはおもしろくない事態だろうが、そんなワウリンカさえフェデラーからの恩恵を受け、自らの限界を超え続けている。そして、2017年から2019年にかけてパースで開催されたホップマンカップで3度共闘したベリンダ・ベンチッチも、フェデラーの助言のおかげで本調子を取り戻すことができた。

もし、フェデラー効果なるものが実在するとするなら、それは多くのスイスの有望な選手たちが本気でプロを目指すようになったということだろう。今や長老ともいえる存在になったフェデラーが3人の有望な若手、レアンドロ・リエディ、ドミニク・ストリッカー、ジェローム・キムを2020年全豪オープン直前にドバイへ招待して合同キャンプを行った。そこでいろいろなことを教え込んだわけだが、とくに強調したのは、練習中でさえも毎回のストロークに意図があり、惰性でボールを打ち返すだけではダメということだった。

フェデラーは決して、若手選手たちに頂点への道を簡単に描いて見せたわけではない。代わりに猛練習をしてくれる人は誰もおらず、誰もが自分で努力を重ねて上に行くしかないのだと伝えた。流す汗は塩辛いものであり、決してチョコレートのように甘いものではないのだ。

第19章
慈善活動家フェデラー

もう幼い頃から、ロジャー・フェデラーはふたつの世界を行き来していた。普段はスイスの中流家庭で穏やかに暮らしていたが、毎年夏の1カ月か2カ月は母リネットの祖国、南アフリカで過ごしていた。その頃のことを本人はこう回想する。

「いつも農場全体を駆け回っていたな。姉も一緒で、家族全員で過ごしていたよ。僕にとって子どもの頃のいちばんの思い出は、南アフリカでの夏休みだね。クルーガー国立公園のほかにも、南アフリカ全体に散らばっている親戚を訪ねて回ったりしたね」

そこでは美しい子ども時代の思い出もたくさんできたが、同時にアフリカ大陸に巣食う貧困の現実も目《ま》の当たりにした。こうして早い時期から、誰もが自分たちと同じような幸せの条件に恵まれているわけではないと悟った。

「僕たちはスイスでたまたま幸運なだけだったと、そこで知った。特別にスイスで裕福な家庭というわけではなかったけれどもね」

母親の経歴と自身の南アフリカでの経験は、その後の彼に大きな影響を及ぼした。２００３年のクリスマスイブ、22歳になったばかりだったが、「ロジャー・フェデラー財団」を立ち上げた。同財団を立ち上げるにあたり、フェデラーは両親とかなり長時間にわたって話し合った。そして財団発起の最後のひと押しになったのが、２００３年にバーゼルビーター年間最優秀スポーツマン賞に輝いたことだった。その賞金の1万スイスフラン（約86万円）を財団の資本金5万スイスフラン（約４３０万円）の一部にしたのだった。

この数カ月前にウィンブルドン初優勝も飾っていて、大飛躍を果たしたシーズンに賞金３８０万ドルを稼ぎ出し、このお金をどう使うか思案していた。

「テニス選手としてどこまで行けるか、先のことを考えるようになった。同時に、人間としてどこまで進んでいけるのかも僕にとっては大事だった。僕は幸運で、特権にも恵まれた。だから、僕より恵まれていない人に何か手助けをするのは当然だと思った。社会に還元するという発想は、両親からもらったものだよ」

フェデラーが財団を立ち上げた当初は、まだ地に足がついていない理想論と素人ぶりも多少はあった。ほかのチャリティー活動を助けるだけでも多くのことができたのは確かだった。だが、財団を立ち上げ、しかも自身の名前をつけることで、長期にわたり継続していくことを自らに課したのだ。

「僕は単にいろいろな団体にお金を渡して、それで終わりにしたくなかった。それでは少し手助けをしただけで、それ以上の大きな貢献はできない。僕は何か具体的に、焦点を絞って意義のあることをしたいと思った。それで、アフリカ南部の初等教育のために何かすることにした。これなら僕自身のルーツとか原点にもつながっている。自発的に関わって、できることをやりたかったんだ。そうすれば僕の財団を信じてくれる人たち、ドナーやスポンサーの皆さんにも説明しやすい。協賛金を出してくれる人には本当に感謝しているし、この人たちにもお金がどう使われているかよく見えるからね」

タイム誌が２０１８年に「世界で最も影響力がある１００人」を選出したとき、フェデラーが選ばれたのは決して正確なバックハンド・ボレーとか強烈なサービス、所狭しと並ぶトロフィーの数を評価されたからではない。財団を通じて続ける慈善活動が高く評価されたからだ。そして、直筆で称賛のメッセージを贈ったのは、ほかならぬビル・ゲイツその人だった。このマイクロソフト創業者は以下の言葉で締めくくっている。

「ロジャーは本当に効果的な慈善活動のやり方を、テニスと同じくらい知っている。活動には規律と時間が必要になる。いつの日か彼がラケットを置く日が来れば、世界中が悲しむだろう。だが、ロジャーのおかげでこの世界が少し前より住みやすくなったことは、なんの疑いもない」

ゲイツと夫人のメリンダが運営する世界最大の慈善団体は、年間40億ドルを予算として投入しているが、そんな人物からの最大限の称賛と言っていいだろう。

ゲイツとフェデラーの初対面は、２０１７年のインディアンウェルズでの大会中のことで、この米国人ビリオネアがテニスファンで、この地に休暇用の別荘を持っていることがきっかけだった。話し始めていつの間にか話題が慈善団体に移り、そこからアフリカ支援のための慈善試合「マッチ・フォー・アフリカ４」がシアトルで同年に開催される運びとなった。そして、この1年後、アフリカ5がサンノゼで開催された。フェデラーはそれぞれの大会で米国人選手のジョン・イズナー、ジャック・ソックと対戦し、共同主宰者としてゲイツはセレブ枠でフェデラーとダブルスを組んだ。このよき伝統は２０２０年にも続き、「マッチ・イン・アフリカ6」が南アフリカのケープタウンで開催される運びとなり、フェデラーがライバルのラファエル・ナダルと対戦し、ダブルスではゲイツと南アフリカ出身で米国の人気テレビ番組「ザ・デイリー・ショー」の司会者でコメディアンのトレバー・ノアが加わった。このケープタウンの大会で5万１９５４人という記録的人数を集めて、財団として３５０万スイスフラン（約4億円）を集めた。

フェデラーのテニスの技量は、あくまでも趣味レベルのゲイツにそれほど影響を与えていないだろう。コンピューター界の大天才にとって大切なのは、慈善活動仲間としてのフェデラーなのだ。ゲイツの方針はとにかく「大きく考える」だ。世界全体を変えることを目指しており、公衆衛生と農業発展のために財団を通じて100カ国以上で支援活動を繰り広げている。フェデラーがコート外でも社会貢献して世界に変化をもたらしていることを自覚するようになったのは、おそらくこの数年のことではないか。そしてゲイツとの交流と協力により、さらに慈善活動の幅が広がったことは疑いない。

2019年12月、フェデラーが笑顔を見せながら話してくれたのは、ゲイツがいつもテニスについて語りたがるということだった。

「だから、テニス業界の裏話をよくしてあげるんだ。あちらが喜んでくれるテニス話をすることで、資金集めの協力への感謝を伝えられるしね。継続するためにはきちんと利益をあげることも大切だから、今後どうすべきかもいろいろと教えてもらっているよ。これは財団のCEOジャニーン・ヘンデルにとっても大切なことだからね。ビル・ゲイツ財団は巨大だから、我々もあの組織構造から学ばせてもらっている。それにビル・ゲイツのような聡明な人物と一緒に時間を過ごせることは、それ自体が楽しいし刺激にもなる。あの人の隣にいると自分が小さく感じられるけど、学べることは本当に多い。こういう出会いがあるからこそ、さらに前進できるんだ。周囲の言葉には注意深く耳を傾けなければならない。そして、物事の本質を素早く把握すること。ほんの些細な部分で、結果に大きな差が出ることがよくあるからね」

フェデラー財団が最初に手がけたプロジェクトは、南アフリカの大都市、ポートエリザベスに学校を建てることだった。ここから伝えようとしているメッセージは明確だ。教育こそが、自分で人生を切り開くためのカギだということだ。いろいろな壁が立ちはだかりながらも、財団は現在さらにアフリカ南部で学校を増やすことを主眼に置いている。

「学校を増やすことにより、我々は比較的小さな地域に手を広げ、効果の大きなレバレッジをかけることができる」

2010年から同財団のCEOを務めるジャニーン・ヘンデルはそう語る。またアフリカ南部において、小学校進学前の教育は非常に限られている。ゆえに、その点に関する問題意識もまだほとんど広がっていない。変革というものはつねに複雑で、いろいろな教育分野に影響を及ぼして全体的に変えていくしかない。

「ただ教科書をバラまけばそれでいいという話ではない。きちんとした過程を踏んだうえで、両親や教師、幼稚園の保母さんたち、関係者全員に説明もしなければならない」

幼稚園通学が義務となっているスイスやドイツであれば、この問題はもっと真剣に取り上げられるだろう。一方で、ナミビアの場合、2010年時点で50％の子どもが幼稚園を経ることなく直接小学1年生になっていた――本当に学校に通える準備が整っているかどうかは考慮されていなかった。そのせいで、5分の1の生徒が1年生をやり直ししなければならなかった。2025年までに、同財団はナミビアの子どもの70%が小学校に上がる準備ができているところまで引き上げたいと目標を立てている。そして同国で重ねた経験に基づき、活動範囲を周辺諸国にも広げている。ボツワナ、マラウィ、ザンビア、南アフリカ、ジンバブエといった国々だ。

4人の子どもの父親であるフェデラーは、早期教育のなんたるかを実感し体験している。本人もこう言っている。

「僕自身、3歳から7、8、9歳くらいの時期が人間形成で大きな役割を果たすのを実感している。この年齢の子どもたちは、本当に早く成長するんだ。だから、この時期に子どもをきちんと支援してあげれば、今後に大きな違いを生み出すことができる。新しくできた兄弟姉妹、友人たちと手を携えれば、村全体、コミュニティーに刺激を与えることができるんだ。子どもたちの将来、世界を変えるとするなら、この年齢の時期がいちばんいいんだ」

ヘンデルは、この戦略を支持してくれるフェデラーに深く感謝している。

「我々は単に善意のプロジェクトをしているだけでなく、長期間続くようにシステムそのものを変えようとしている。これを達成するためには、我々は安全な道を離れて多くの関係者の協力を仰がなければならない。だから、我々は多くのパートナーを募り協力をお願いしている。ある国でプロジェクトが失敗するリスクを負っても、そこで経験が積み重なり、慈善活動そのものが成熟していくことを目指している」

冒険しなければ、何も得られない。これは、テニスだけに当てはまる話ではない。今日のロジャー・フェデラー財団はフェデラー本人の姿を反映しているものだ、とヘンデルは言う。

「ロジャーが取り組むときには、いつも本気だ。妥協というものがない。自身の価値観と確信が財団に染みついていて、すべての重要な決断に本人が関わっている。本人がいない役員会は考えられない。だから、意見交換も協力も活発だ」

フェデラーのテニス経歴《キャリア》を振り返ると、一貫性と制御のふたつがカギとなる要素だが、チームにおいて慈善活動に関わるときも同じ姿勢を貫いている。だが、慈善活動家としての居場所を本人が見つけ出すまでには、しばらく時間がかかったようだ。2018年3月にビル・ゲイツのブログでフェデラー自身が書いている。

「すぐにわかったことは、本物の慈善活動家になることは決して簡単ではないということだった。社会にお返しするという意思だけでは不十分だ。財団の初期には、我々は基金の効果についての意識も薄かったから、これではどれくらい社会にインパクトを与えているのか測りようがなかった。本当にずっと続く形で子どもたちの人生を変えていこうと思うなら、我々自身がもっと慈善活動のプロフェッショナルになって、戦略的に物事を進めていかなければならない。慈善活動も、テニスのように時間と規律が必要ということだ」

ヘンデルに言わせると、フェデラーの人間性が「プロの慈善活動家として成長していく過程のなかで大きく成長したという。さまざまな幅広い活動があることにより、本人も選手引退後の生活について考えるよい学習の場になっているのだという。アフリカ訪問の際は、ほかのどこの場所に行くときとも同じように、新しい人たちと接触することを恐れず、さらに大きな成長の機会となるわけだ。そして、アフリカでは人生の厳しい現実を否応なく突きつけられる。フェデラー自身が振り返る。

「ポートエリザベスにできた初めての学校へ行ったとき、学校建設に加えて小児がんの子どもの支援プロジェクトも始めたんだ。今でも、病室のベッドに横たわる子どもたちの姿が目に浮かぶよ。あの子たちはすでに末期で、もう生き残る可能性がないこともわかっていた。そこまでひどいことがあるとは思わなかった。僕は愕然とした。だから、人生最後の願いが『僕と会ってみること』だという人にその後ずっと会い続けている。もう何度も何度もそれを続けてきた。そういう願いがあること自体が大切なことだと思う。今は、僕も昔ほどショックを受けることはなくなった。もう現実をわかっているから。だから、少しても助けてあげたい。僕ができるのはそれだけだから。財団でもそうだよ。アフリカでどれほどの人々が苦しんでいるかに思いを致すと、僕も感情が高ぶってくる。なんでこんなに世界は不公平なのだろう。生まれた場所だけで、ここまで運命が決まってしまうなんて。これだけは完全に運の話だからね。だから僕は、人はそれぞれみんなで助け合うべきだと思うんだ」

アフリカ南部諸国の学校を視察に行くとき、子どもたちは彼のことをほとんど知らない。知っていても、ちょっとテニスで成功している選手くらいにしか思っていない。

「たぶん、単に学校をつくってくれたおじさんくらいに思っているんじゃないかな」

そう言って、ひとつのエピソードを披露してくれた。

「マラウィに行ったとき、子どもたちに聞いてみた。『テニスは知ってる?』ってね。そしたら子どもたちは、『それって、テーブルとボールでやるやつ?』と答えた。だから教えてあげた、『いやいや、それ卓球だから』と。それでテニスボールがどんなものか絵で描いてあげた。あの子たちがどれくらい僕を知ってるか? そんなのは大した問題じゃない。むしろ、僕のことを知らないくらいのほうがいい。だからこそ、僕が救おうとしている場所を世界全体に伝えることができる。そこにはまったく別の人生があって、我々とはなんの関係もない。毎日水くみに行かないといけなくて、そのために毎日何時間も歩かなければならない。これが毎日の仕事、日々のストレスという人がまだたくさんいるんだ。ストレスという言葉をここで使っていいならね」

財団は、ここ数年で急成長を遂げている。2020年半ばまでに、155万人の子どもが恩恵を受けて学校へ行くようになった。創設以来の支出は5200万スイスフラン（約60億円）に達した。2025年までに、さらに5千万スイスフラン（約58億円）を教育プロジェクトにつぎ込み、学校に行ける子どもも現在の倍になると見込まれている。つまり、150万人から300万人になるということだ。唯一の不安点は、フェデラーがラケットを置いたときに資金集めをどうするかだ。引退したら、スター選手としての地位を使ってお金を集められなくなるのではないか？ ヘンデルはその点についてまったく心配していない。

「ロジャーの名声はスポーツの枠をはるかに超えている。人間性すべてに信頼を寄せられている。だからテニス選手を引退しても、何も心配はない。アンドレ・アガシと彼の財団を見れば明らかではないか」

かつては奇人として知られたラスベガス出身のあの男も、現在はフェデラーのものとよく似た財団を運営し成功している。アメリカの恵まれない子どもたち向けに学校をつくり、1億8500万ドル（約196億円）を集めた。

だからフェデラーが、マッチ・フォー・アフリカのような試合を通じて資金集めをしなくなったとしても、講演をしたり資金集めパーティーなどを主催したりすればいいだけの話だ。そして財団を支援している大企業スポンサーとの関係はこれからも長く続く。今までにも、ロジャー・フェデラー財団は多くの財団からも支援を受けつつ地位を固めてきた。

「財団は、僕の人生でも大きな部分を占めるようになっている。子どもたちにも財団の話をよくするんだ。20年後、30年後もずっと活動できるといいよね」

フェデラーにとって、財団への思いはふくらんでいくばかりだ。

第20章 フェデラーから学べる10のこと

1　少ないほうが豊かである

テニスの大会はほぼ毎週必ずどこかで開催されて、オフは極端に短い。試合に出すぎる誘惑は大きい。だが、ロジャー・フェデラーは早い時期から緻密な計画を立てることに長けていた。一年を大会出場、練習、休暇の３つのブロックに分ける。そして休むときには、完全にスイッチをオフにする。この時期にはスポンサーの話もメディア出演もすべて断る。このように徹底した計画立案と実践、回復のために必要な休養は、長い選手生活を続けるために絶対必要なものである。そのおかげで、肉体と、テニスができる喜びを保てているのである。２０１６年に彼は悪循環に入り、肉体的にも痛みがひどくなってテニスの喜びを失いかけたため、急ブレーキを踏んで5カ月間の休場を決めた。復帰のときには、かつてなくリフレッシュできて躍動感も取り戻していた。そして、すぐさま２０１７年の全豪オープン優勝を達成したのである。

2 学びを止めるな

テニス界もサイクルで動いている。一時期は特定の選手が支配者となり、その選手のスタイルが正しいとされるが、しばらくすると若手が対抗してきて対策を見つけ出す。ボルグはマッケンローに追いやられ、マッケンローはレンドルにやられ、以下同文である。この論法からすると、フェデラーは4歳年下のラファエル・ナダルに完全駆逐されるはずだった。だが、学びを止めなかったためにそうはならなかった。ナダル対策を完備しただけでなく、さらに速い試合展開を仕掛けたうえにフィジカルでも圧倒した。つねに自問自答を繰り返し、新しい成長を求め続けるのは生半可なことではないが、あれだけの成功を収めるためには必須である。フェデラーはそれができているから、いくつもの若い世代の波がやってきていても、まだ第一線にとどまっているのである。

3 後ろではなく、前を見よ

負けは不愉快だが、完全に避けることはできない。フェデラーのような圧倒的な才能に恵まれた男でさえ、負けるときには負けるのである。ここでカギとなる質問は、いかにして負けに対処するかである。フェデラーほど、負けたときに素早く前を向ける男はなかなかいない。そこから何を学べるのかを考え、すぐに前を向く。ほかの大勢の選手たちはその後、何日もうじうじと考え続け、あの場面でああすればよかったとか後悔ばかりを繰り返すわけだが、フェデラーはもう変えることができない過去を思いわずらうことはない。もしひとつだけ、本当に大きな打撃を受けた負けがあるとするなら、２００８年ウィンブルドン決勝の対ラファエル・ナダル戦だろう。このあとコルシカ島で休暇に入ったが、何日もこの負けにとらわれていたという。だが、フェデラーがあの試合の10年後にインタビューを受けたとき、試合の詳細をほとんど覚えていなかった。覚えているのは勝利であり、負けではないのである。

4　仕事を愛せよ

これは当然だ。フェデラーはテニス界のスーパースターとして、全世界をめぐる特権に恵まれている。だが、この稼業は単なる惰性の繰り返しという側面もある。いつも同じ会場に戻り、同じ対戦相手と当たり、単調な練習をひたすら続けるだけだ。何年にもわたり、フェデラーはそれでもテニスの喜びと仕事への愛を保ち続けてきた。プロとして１５００試合以上をこなし、惰性だけに沈んでいくことはまだない。ずっと好奇心旺盛で、コートで何か新しい技を試そうとし、２０１５年には例のＳＡＢＲなるハーフボレーのリターンを開発したわけである（詳しくは第15章）。

5　近道はない

電球を発明した男、トーマス・エジソンはこう言った。「天才とは、1%のインスピレーションと99%のパースピレーション（汗）である」。フェデラーの場合は、インスピレーションが2%か、もう少しあるのかもしれない。だが、ひとつ確かなことがある。ここまで来られたのは、ひとえに努力を重ねたからだ。何度も何度も、ずっとだ。フェデラーの練習に参加した選手たちは誰もが口をそろえて言う。フェデラーの万全な肉体こそがテニスの技術の基盤となっている。ボールに届かなければ、絶対にウィナーは打てない。成功への近道はないのである。

6　感情を直視せよ

情熱は重要で、プロでも最高レベルのテニスを続けるには必須条件である。だが、感情の力は大きく、若かりし頃は何かうまくいかないたびに苛立っていたフェデラーがいい例だ。感情が爆発して、大抵はラケット破壊に及ぶわけだが、その当時の場面は今も記録に残っている。そして怒りが出たときのプレーは質が下がり、決して上がることはない。専門家の指導を受け感情を直視して、制御できるようになった。以来、感情をむき出しにするのはマッチポイントを決めたときか、大会で優勝したときに涙を流す場面のみとなった。

7 自分を信じ続ける

フェデラーほど天性に恵まれている人間はそうそういない。だが、そんな彼でさえ、苦しい時期は何度もあった。2008年以降はグランドスラム優勝の回数が減り、ナダルに優勝を譲ることが増え、外野の声がうるさくなった。あの当時、フェデラーのグランドスラム優勝はもうあれで最後だったと書いたりしゃべったりしたテニス専門家は、ひとりやふたりではなかった。だが、2012年ウィンブルドン優勝から2017年全豪オープン優勝まで時間はかかったが（正確には1666日だ）、本人は決して自分自身の力に対する信頼を失ったことはなかった。ここから引き出せる教訓とは何か――たとえ世界全員が疑念を抱いていたとしても、自分自身が信じ続ければ道が開けることもあるということだ。

8 今の瞬間を抱きしめよ

スポーツは不条理が渦巻く世界のなかで、マインドフルネスを得て心穏やかに生きる可能性が得られる貴重な機会である。この一瞬に自分のすべてをつぎ込み、そのほかのことを考える余裕がない。フェデラーはその面における達人である。コートに立つとき、すべての雑念を振り払うことができる。そして、重要な場面でポイントを失ってしまったらどうしようとあらぬ心配をする代わりに、もっといいプレーをしようということに意識を向け、実際にやり遂げている。それは、今この一瞬に集中する術を心得ているからだ。彼自身がかつて言ったとおり、重圧のもとにいるときこそ、すべてがクリアに見えるのだ。これは大変な強みだ。

9 周りをポジティブな人で固めよ

フェデラーは安定を好む。だが、周囲の環境に何か違和感を覚えたときは、すぐに対処する。2007年5月に、全仏オープン開幕直前にトニー・ローチとのコーチ契約を解除したのがいい例だ。このオーストラリア人コーチが本気になっていないと感じたからだ。フェデラーは、つねに解決策を考えて問題にばかり集中しないポジティブな人たちで周囲を固めている。本人が底抜けの楽観主義者《オプティミスト》ということもある。そして旅の友として最適の人を見つけている。10代の頃からフィットネスコーチとしてピエール・パガニーニを雇い入れ、コーチのセベリン・リュティは2007年からずっと一緒だ。だが、いちばん重要なサポーター、同伴者は、言うまでもなくミルカ夫人だ。この女性がいなければ、とっくの昔に引退していただろう。夫人が夫の才能に寄せる信頼は不動である。

10 年齢は単なる数字だ

「この歳になると、もはや優勝の最有力候補にはなりえない」。フェデラー本人が2018年全豪オープン開幕前に冗談半分で語った言葉である。そう言いつつ、36歳173日でのグランドスラム優勝を達成した。30歳の誕生日以降、フェデラーの年齢はつねに議論の対象となってきた。そして自身が何度となく、年齢など関係ないと証明し続けている。「年齢は問題ではない。単なる数字だ」。メルボルンで優勝した直後の本人談である。彼の不死身ぶりが明らかにしているのは、年齢の数字が問題なのではなく、どのように自分自身をケアして感じるかが大切なのだということだ。

ロジャー・フェデラー年表（2020年9月現在）

1981年8月8日　スイス、バーゼルの州病院で誕生
1998年7月5日　ウィンブルドン選手権・ジュニア優勝
1998年7月7日　スイス、グシュタードでプロ転向
2001年2月4日　イタリア、ミラノで初のATP優勝
2001年7月2日　ウィンブルドンでピート・サンプラスに勝つ——唯一の対戦だった
2002年8月1日　元コーチのピーター・カーターが交通事故死
2003年7月6日　ウィンブルドンでグランドスラム初優勝
2003年11月16日　6回優勝しているATPファイナルズで初優勝
2003年12月13日　7回受賞しているスイス最優秀スポーツマン賞初受賞
2003年12月24日　ロジャー・フェデラー財団創設
2004年2月2日　全豪オープンで優勝し初めてATP世界ランキング1位になる
2004年9月12日　5年連続となる全米オープンの優勝1年目

2005年5月16日　5回受賞しているスポーツマン・オブ・ザ・イヤー初受賞
2008年7月6日　5年連続優勝していたウィンブルドンで、ラファエル・ナダルに敗れる
2008年8月16日　北京オリンピックでスタン・ワウリンカとのダブルスで金メダル獲得
2008年8月18日　237週間続いた世界1位をナダルに譲る
2009年4月11日　バーゼルでミルカ・ヴァヴリネックと結婚
2009年6月7日　パリでキャリア・グランドスラム（四大大会制覇）達成
2009年7月5日　ウィンブルドン6度目の優勝で、グランドスラム優勝15回の新記録達成
2009年7月23日　双子の娘、マイラとシャーリーン誕生
2010年1月31日　父親としては初のグランドスラム（全豪）優勝、通算16回目
2014年5月6日　双子の息子、レオとレナート誕生
2014年11月23日　リールでデビスカップ優勝
2017年1月29日　メルボルンで18回目のグランドスラム優勝、1666日ぶり
2017年7月16日　ウィンブルドン8回目の優勝、史上最高となる
2018年1月28日　メルボルンで20回目のグランドスラム優勝を達成
2018年6月18日　36歳314日で、史上最年長の世界1位に復活、累計310週となる
2019年3月1日　ドバイで100回目のシングルス優勝を達成
2019年10月27日　バーゼルで103回目の優勝、これが現時点で最後のタイトルである

訳者あとがき

「ここまで違うのか……」私はため息をつくしかなかった。アンドレ・アガシとロジャー・フェデラーのことである。

もう6年近く前だが、私は『ジョコビッチの生まれ変わる食事』の翻訳にとりかかっていた。とはいえ、当時の私はテニスのテの字も知らなかった。そこでまず読んだのがアンドレ・アガシの自伝『Open』だった。

原書で読んだので、日本語版がどうかはよくわからないが、私に言わせれば数ある自伝のなかで歴史上5本の指に入るくらいの名作である。

英文で400ページ近く、同書で一貫して言い続けているのが「俺がいかにテニスが大嫌いか」である。本人曰く、「テニスをやっていてよかったことは、シュテファニー・グラフと結婚できたことだけ」という。私としては、ブルック・シールズはどうなんだと突っ込みたいところだが、そこは置いておこう。

イラン移民だった父親はアメリカ社会で成り上がる手段として、テニスの才能が明らかだった末っ子のアンドレを鍛え上げる道を選ぶ。上の子どもにもやらせようとしたが、失敗した。アンドレは別にテニスが好きだったから始めたわけではない。親父に無理やりやらされただけだ。

だから、学校が終わって帰宅するのが苦痛で仕方なかったという。アンドレにとって、実家は「テニスを強いられる苦痛な場所」でしかなかったのだ。

幼い頃、父方の祖母が同居していたという。当然、高齢になってから移住したわけで、まともに英語が話せるはずがない。いつも、もう二度と帰ることができない故郷《ホーム》に「帰りたい」と嘆いたという。するとアンドレ少年は悪態をつく。「帰りたい？　そんなに帰りたいなら、勝手に帰りやがれ。このクソババア、なんなら今すぐ空港まで車を出してやろうか？　俺は家《ホーム》に帰ったら大嫌いなテニスをやらされるだけなのに」

その後、父親によってアンドレはフロリダにあるニック・ボロテリー・テニスアカデミーへ送られることとなる。実は、数年前に私はこのニック本人にインタビューする機会に恵まれた。8回も結婚するだけあって、80歳を過ぎてもフェロモンが出ているおもしろい爺さんだった。彼の回想を引用しよう。

「最初に電話してきたのは父親だった。テレビの特集を見たらしい。私も名前は知っていたから、とりあえず半分の奨学金を提供することにした。でも、一目見てすぐに半額奨学金の小切手を破り捨て、全額奨学金を提供したよ」（講談社ニュースサイト「Forza Style」より）

この話にはオチがある。実は父親が見たテレビ番組というのは、金持ちの親からカネをしぼり取り、少年虐待に近いことをしているえげつない銭ゲバテニスアカデミー経営者の暴露・告発番組だったのだ。それで、「おお、世の中にはオレよりも徹底的にテニスを息子に仕込んでくれる素晴らしい場所があるのか」と父親は狂喜乱舞し、アンドレ本人は、「あぁ、やっとこのテニスを毎日やらされるクソな家から逃れられるのか」と喜んだ。なんのことはない、送り込まれたのは実家よりもさらに長時間テニス漬けの酷い場所だったというわけなのである。

その点、フェデラーは15章を読めば一目瞭然だが、もう30年以上テニスばかりの人生なのに、まだテニスが嫌いになっていないように見える。練習で、毎回新しいショットを試そうとしたり、ボールボーイにボールを返すときもきちんと相手に捕りやすい場所へ毎回優しく打っている。

かつて将棋の入門書を刊行したくらいだから、私は多少将棋界を知っているが、そんなプロになっても嫌いにならない者などめったにいない。そもそも、将棋のプロ棋士というのは年間4人しかなれず、毎年3千人入る東京大学、70人前後がドラフト指名されるプロ野球よりもはるかに狭き門である。子どものとき将棋が嫌いだった棋士などひとりもいない。みんな幼稚園か小学校低学年で将棋に触れ、半年か1年であっという間にアマ初段となり、近所で神童の名前をほしいままにしてきたのだ（詳しくは私が「ハーバービジネスオンライン」で3回にわたり執筆した石田直裕四段（当時、現在は五段）の半生記をご覧いただきたい）。だが、そんな地元の神童もいざプロ棋士養成機関「奨励会」に入ると否応なく打ちのめされ、大部分が脱落していく。いつだったか、石田五段に「初めて将棋が嫌いになったのはいつか？」と聞いたことがあった。

「三段リーグで勝てないときでしたね。子どものときあんなに大好きだった将棋が、あの時期だけは盤に向かうのが苦痛でした」

少しだけ付言しておくと、将棋は四段からプロとなり、お金がもらえるようになる。つまり相撲でいう十両で、三段は幕下にあたる。そして、将棋界では三段だけで構成される「三段リーグ」があり、半年戦って1位と2位だけが四段になれるのだ。石田五段が言っているのは大学卒業後に実質ニートとなり、「三段リーグ」にいた時期にあたる。

囲碁もそうだ。まだお会いしたことはないが、趙治勲名誉名人の著書にはこうある。

「私は本質的に碁があまり好きではありません。もっとも、一流棋士のほとんどはあんなつらいもの好きになれるか、というでしょうが…」（『だから勝つのだ！』より）

それはそうだろう。５歳で囲碁を覚え、半年かそこらでアマ五段か六段になったようだが、自分の意思とほとんど関係なく、訳がわからないまま両親と切り離されて無理やり長兄により日本へ連れてこられたのである。それで内弟子となり、他人様の家で言葉がわからないまま兄弟子たちから「布団蒸し」に遭うのだ。囲碁を好きになれというほうが無理だろう。

再びテニスに話を戻すが、アンドレ・アガシは文字どおりシュテファニー・グラフを世界中追いかけ回し、ブルック・シールズとの泥沼離婚劇を経てやっとデートに連れ出すことができた。そして誰もいない海岸で告白する。「実は俺、テニスなんか大嫌いなんだ」

彼女はこう答えたという。

「当たり前でしょ？　あんなの、みんな大嫌いなんじゃないの？」

グラフもオムツがとれていない時期から父親にテニスを強制され、実はテニスなど大嫌いだったのである。

テニスは、うまくいけば確かに儲かる。一年のうち11カ月にわたりツアーが続き、しかもグランドスラムなら一試合で4～5時間かかることもザラである。フルマラソンの倍以上の長時間にわたり、ふたりの選手だけが画面に映りっぱなしで、しかも観客は中流階級以上で可処分所得も多いのだから宣伝媒体としては確かにおいしい。

ただ、ひとつ条件がある。「ランキングで30～40位程度に入れるなら」だ。実際に内輪話を聞いたが、ATP（つまりは男子ということだ）世界ランキング100位程度だと「大赤字」なのだそうだ。理由は簡単だ。コーチとかトレーナーをつけて、遠征先に帯同したら交通費や食費、宿泊費も負担しなければならないからだ。コーチの年俸が1500万円、プラス先述の経費がかかってくる。野球やサッカー、バスケットボールなどの団体競技の場合は、監督やコーチは「チーム」が雇って連れてくる。当たり前だが、人件費は球団やクラブ側が払うことになる。その点、テニスの場合は選手がコーチらにカネを払う。イヤな監督に干されるという選手にとって最大の苦痛を味わう必要はなく、気に入らなければ選手側がコーチをクビにできるが、金銭面の負担は大きい。ジュニアからの付き合いだからと安く付き合ってくれるコーチもいるとのことだが、それでも月25万円前後の支払いがあるという。ピーター・カーターがそのままコーチになっていたらそういう契約になっていたかもしれない。ただし、その後のフェデラーはいなかったかもしれない。

かつて、ATPランキングは大体2000位前後から始まっていたが、あまりに「食えない」プロが多すぎるということで、現在は750人に絞られた。いいことだと思う。

友人に、プロ野球界で監督として在任9年のうちリーグ優勝8回、日本一6回を達成し、現在はハワイ・ホノルルで悠々自適の御仁（そんな人はひとりしかいないが……）がいる。教え子選手の娘がテニスのプロを目指しているということもあり、テニスにも少し関心があるようだ。ホノルルの豪邸を訪れると、テレビに全米オープンが映っていた。「テニスというのはどのくらいから食えるようになるんだ?」とご質問を受けた。私は、何も言わず一冊の本を差し出した。井山夏生著『テニスプロはつらいよ』（光文社、2016年）である。

万が一、最近のテニス選手を見て子どもにテニスをやらせて稼がせようなどとバカなことをお考えの方は、必ず同書を読んでから考え直したほうがいい。

ということなので、本書の結論としては、「同時代にフェデラーを目撃できることは幸せだが、間違ってもテニス選手を目指すのはやめましょう」ということになりそうだ。

タカ大丸

ROGER FEDERER

ロジャー・フェデラー

1981年生まれ。テニスの申し子で、毎回の一打で必ず観衆の期待以上の何かを見せる。単なるスイス一国の英雄ではなく、全世界で優雅なプレースタイル、謙虚さ、粘り強さが高く評価されている。4人の子どもの父親であり、もはや史上最高のテニス選手というだけでなく、あらゆるスポーツの歴史上、偉大なアスリートのひとりである。

SIMON GRAF

ジモン・グラフ

1971年生まれのスイス人ジャーナリスト。「ターゲス・アンツァイガー」と「ゾンターク・ツァイトゥング」に寄稿。ロジャー・フェデラーを追って全世界をめぐる。大学時代の専攻は歴史とドイツ語で、2人の娘と共にチューリッヒ湖沿いのキルヒベルクに暮らす。

TAKA DAIMARU

タカ大丸

1979年福岡県生まれ、岡山育ち。英語同時通訳・スペイン語翻訳者のポリグロット（多言語話者）。ニューヨーク州立大学ポツダム校とイスラエル、テル・アヴィヴ大学で学ぶ。著書に『貧困脱出マニュアル』、共著書に『史上初の詰飛車問題集』、英語からの訳書に『ジョコビッチの生まれ変わる食事』『クリスティアーノ・ロナウドの「心と体をどう磨く？」』『レスターの奇跡』『毒父の家』、スペイン語からの訳書に『モウリーニョのリーダー論』『ナダル・ノート』『ジダン監督のリーダー論』など多数。

カバー・本文デザイン　今田賢志
カバー写真　getty images
校正　青山純子

ロジャー・フェデラー
なぜ頂点《ちょうてん》に君臨《くんりん》し続《つづ》けられるのか

2021年1月28日　初版発行

著者　ジモン・グラフ
訳者　タカ 大丸《だいまる》
発行者　青柳 昌行
発行　株式会社KADOKAWA
〒102-8177　東京都千代田区富士見2-13-3
電話 0570-002-301（ナビダイヤル）
印刷所　大日本印刷株式会社

定価はカバーに表示してあります。　Printed in Japan
ISBN 978-4-04-605050-2　C0075